女人

No regret for women

沒有時間後悔

吳靜雅——著

第一章

當媽媽了，手足無措的我該怎麼辦？

目錄 contents

第二章

難逃「七年之癢」，他還愛不愛我？

第三章

別把自己交給命運，女人的好命不是「算」出來的

目錄 contents

第四章

如果不夠漂亮，就用自信來彌補

第五章

女人最大的弱點——愛慕虛榮

目錄
contents

第六章

我的身體怎麼了？女人最擔心的健康問題

第一章

當媽媽了，手足無措的我該怎麼辦？

女人孕期，老公是不是最容易出軌？
高齡產婦：我的寶寶是不是健康？
孕期體重飆升，產後體形還能不能恢復？
母乳餵養，會導致乳房下垂嗎？
誰來幫忙帶孩子，保姆還是老人？
全職媽媽：帶大了寶寶，還能適應職場工作嗎？
單親媽媽：所有的問題都一個人扛，還是給孩子找個繼父？
讓人頭疼無比的「性」教育

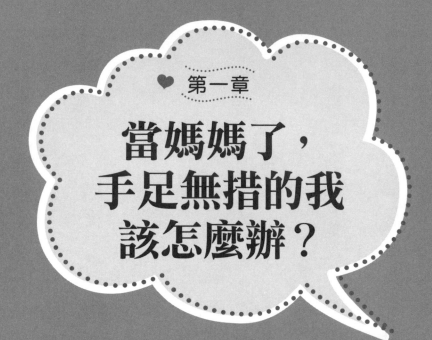

1 女人孕期，老公是不是最容易出軌？

按理說，每個女人在懷孕的時候都應該成為最幸福的女人，因為甘心孕育著和對方的愛情結晶，無怨亦無悔，所以這時候，身為丈夫的他應該更加疼愛自己才對。然而，就是讓你無悔付出的那個男人，卻在你懷孕的時候出了軌，這對於女人來說，無疑是個致命的傷害。

芳芳和老公結婚初期，各自忙著事業，儘管雙方父母催促，但兩個人都說過兩年再要孩子。終於，在芳芳婚後的第三年，要個寶寶被提上了日程，沒多久，她懷孕了，芳芳以為這將是最幸福的一年，沒有想到卻讓她傷透了心。

懷孕三四個月的時候，芳芳總聽老公提起一個女同事，開始時她並沒有在意，因為對兩人的感情非常有信心，這個家庭畢竟是兩個人奮鬥了三年才打拼下來的，沒那麼容易動搖。

在懷孕五個月時，芳芳一次無意間看到了老公手機裏的一條短訊，上面寫著「想你」。她問老公是誰，老公眼裏明顯掠過一絲慌亂，隨便說了一個男同事。

芳芳記住了那個號碼，在上班時撥過去，結果和她預感的一樣，是那個女同事。當時，芳芳的心情沉到了谷底，這是老公第一次向她撒謊。

接下來，兩人無數次為了這條短訊而爭吵，老公最終承認他只是精神上的出軌，除了短訊以外再無其他，並請求芳芳的原諒，深愛著老公的芳芳不僅精神疲憊，身體也疲憊不堪，只好選擇了原諒。

再後來，寶寶出生了，竟然被查出患了新生兒肺炎，身為人母的芳芳無暇顧及自己的感情，一心放到了孩子身上。寶寶出院後，生活漸漸走上正軌。

一次老公出差，忘了帶手機，手機留在家中，結果那個女人白天打一個電話過來，晚上半夜又打一個電話過來，芳芳突然意識到事情絕不簡單。那天她徹夜未眠，回憶了很多過去的點點滴滴，等待著天亮，等待著老公真實的答案。

第二天一大早，她去機場接了老公，直接去尋找她的答案。老公終於承認，那個女人是有夫之婦，她認為她家的男人沒有責任感，不管家，而認為芳芳的老公是個顧家的好男人，她喜歡芳芳老公的性格、做事的風格，她主動向芳芳的老公表白喜歡他，老公對她也有了好感。

開始兩個人只是發發短訊、打電話，後來終於有一天，那個女人在她老公出差的一個機會裡，藉口請芳芳老公送她回家，然後又讓他上去坐坐，進門後，她主動投進了他的懷抱，他們發生了關係，之後總共發生了三次關係。

芳芳得知這樣的結果後，簡直如五雷轟頂。現在，老公請求她的原諒，並且說自己知道錯了，說他想回到三個人的小家，他對不起芳芳，對不起兒子。面對這樣的結果，芳芳不知何去何從……

男人的出軌大致可分兩種：

一種是不管什麼情況下都會出軌。不管女人怎麼做，他都會出軌，他骨子裏就是一個花心大蘿蔔，正所謂狗改不了吃屎。

另一種男人的出軌通常發生在某一特定的時期或階段。比如女人的孕期、婚姻進入平淡期、七年之癢等。顯然，後一種出軌有根可尋，也有挽救的可能性，不妨以寬容之心對待之，甚至不妨進行一下自我反省，儘管責任在男人，但是否自己也確實有做得不好的地方，不妨想一想應對之策。

女人不做懷孕中焦躁的公主，把自己寵壞，把男人嚇跑。很多女人懷孕了就似乎感覺不得了，是家庭最大的功臣，似乎整個家庭都虧欠她似的，於是有一點不順心便容易情緒失控。

如果你的老公能夠考慮到你所處的時期，以及為肚子裏的孩子著想，忍讓著你，那自然最好不過了，但如果你完全不知收斂，甚至得寸進尺，他怎麼受得了？一旦外面有個女人對他好，很是溫柔體貼，一時感動，就犯了錯誤也很難說。

作為妻子，要瞭解丈夫的心理動向，多關心丈夫，雖然身體上可能不允許照顧丈夫，但完全可以在心理語言上多給予關懷支持和鼓勵。懷孕中的女人依舊要做男人心目中最美的公主，不忘基本的打扮，用孕期美勾住老公。

有很多女人懷了孕，身體發福，於是便對自己的形象不管不顧，更甚者，頭髮不梳臉不洗，成天一副邋遢形象在家裏走動。這與男人心中那個美麗的妻子形象簡直天壤之別，這時，也難怪自己的老公會對外面的女人動心。

孕期的女人不要求你把自己打扮的多麼靚麗，畢竟精力有限，但最起碼也要乾乾淨淨，這樣才能保持男人繼續關注你的欲望，邋裏邋遢只會把你的老公往別的女人懷裏送。

另外，懷孕中的女人不要排斥孕期性生活，多些溝通互動。女人懷孕了，往往會聽從專家們的勸告，自覺中止或減少性生活的次數。

即使不是出於安全性的考慮，你在這個時期，對性生活的欲望也會自然減少，因為你全身心充滿了做母親的喜悅，你的注意力全被那個未來的小生命牽扯而去。可是，男人不一樣。

科學試驗表明，男人每六分鐘就會產生一次性幻想。如果有很長的一段時間裏，你們沒有夫妻生活，他每天看著近在眼前卻碰不得的你，心裏會怎麼想？此時，假如正好有一個如花似玉的美眉對他暗送秋波或投懷送抱，或者幾個要好的哥們兒邀他去風月場所散散心，那麼，他「為性出軌」的可能性便大大增加。

其實，孕期根本不必過度拒絕夫妻生活，關鍵是合理安排，把握好時間和次數。完全禁欲沒必要，也並不見得就對肚子裏的寶寶好。

可以諮詢醫生或參考相關的權威書籍。比如，採取什麼方式和體位？在孕期的哪個階段可以進行性生活？哪個階段最好要戒？每月的次數多少為宜？哪些情況下必須暫時停止或絕對禁忌，等等。

同時，也可以充分利用性接觸之外的其他方式，比如接吻、擁抱，以及相互的撫摸等。自己的老公自己愛，你不愛，可能別的女人就鑽了空子。

總之，在女人孕期，老公出不出軌，很大程度上取決於家中的女人。如果女人在此期間依舊保持著完美形象，並且盡到做妻子的義務，那麼就讓出軌成為傳說吧，完全沒有必要把它當回事，因為你的愛與行動足以拴住他的心，無所謂在什麼時期。

2 高齡產婦：我的寶寶是不是健康？

隨著生活節奏日漸快捷，職業女性也日漸增多，不知不覺放慢了成家、生育的腳步。也有一些女性，因為種種的原因，跟寶寶一再擦肩而過，等到終於和寶寶相遇，時間卻已毫不留情地定格在高齡。

目前醫學針對懷孕的年齡層雖然進步了，三十五歲，甚至四十歲生孩子已經不再是難題，但有很多身體、心理甚至未來胎兒的健康問題，是高齡準媽媽怎麼也逃避不了的，高齡產婦不得不面臨著比二十多歲的女人生育更加嚴峻的問題。

小麗結婚不算晚，到今年剛好十年。丈夫和她同歲。剛結婚那會兒，小麗剛大學畢業不久，丈夫在一家公司做經理，兩人住在租的房子裏，每個月的收入除去兩個人的日常開銷，所剩無幾。但計畫外的事還是發生了，婚後兩年，小麗意外懷上了寶寶，拿著醫院的檢驗單，她和丈夫坐在床上誰都沒說話，彼此心裏清楚，確實養不起。現在社會競爭激烈，寶寶輸在起跑線上可不是他們願意看到的。兩口子很快達成一致：暫時不考慮要寶寶。

幾年後，丈夫辭職自己開公司，小麗也跳槽到一家私人企業做財務。三十四歲時，她當上了公司的財務主管。兩人奮鬥了七年，生活逐漸寬裕，雖說不上大富大貴，但至少看上個貴點兒的東西，不用再忍痛當沒看到了。這時，看到朋友們的小孩，她和丈夫心癢癢的。

後來，小麗如願懷孕，那時她感覺天都是藍的，水都是甜的。哪曉得一次出去玩，小麗不小心子宮收縮導致胎兒窒息，胎死腹中。丈夫什麼也沒說，默默地陪她做了手術。

臨出院，醫生丟下一句話，像把刀刺進兩口子心裏：要想再懷孩子，至少得等兩年。

的確，高齡產婦不得不面對的問題有很多，比如早產兒，或足月新生兒的體重低於同齡的正常兒，不明原因的死胎也增多，先天性畸形發生的比率也相對較高。

當然，女人大可不必被「高齡」嚇得退縮，很多高齡準媽媽都會心存顧慮，一方面是擔心自己能否健康地度過孕期，另一方面則是擔心孩子，高齡會不會影響孩子的健康？其實，只要你做好孕前準備和孕期保健工作，擁有一個健康的寶寶是絕對不成問題的。

如果你和老公作好了要寶寶的準備，那麼孕前檢查絕對是必不可少的，它可以把危險扼制在萌芽階段。一些疾病如果沒有臨床症狀，很難被發現，例如糖尿病。尤其是對於高齡的你來說，孕前做個全面的身體檢查，絕對是重中之重。保證在良好的狀態下懷孕，你的心理壓力自然會減少。

沒錯，減少心理壓力也是作為高齡產婦的你要做到的。不說高齡產婦的心理壓力大，就是一般年齡的女人在懷孕的時候，情緒波動也會很大，很多孕婦都有在懷孕時哭泣的經歷，哭過之後都覺得比較輕鬆。這是因為懷孕後體內激素發生了很大的變化。很多人在懷孕前並沒有想到原來懷孕是這麼累人和不舒服，因為沒有充分的心理準備，很難一下子調整過來，情緒低落是常有的事。保持愉快的心情是對的，但沒必要硬讓自己裝開心，宣洩出來才更好。

此外，高齡產婦更要注意體重的維持。留住苗條的身材是為了過個健康的孕期。過了三十歲，很多女性都容易發胖，這時，有意識地保持正常的體重不僅有益於健康，對於做個健康的準媽媽也是非常重要的。若是超重，會增加很多孕期併發症的發生率。

高齡本身就是妊娠高血壓綜合症和妊娠糖尿病等妊娠合併症發生機率提高的原因，如果同時體重超標，就更會使患病的危險性增加。因此，為了健康的孕期，更要注意控制和保持正常體重。

高齡女人們，勇敢地邁出你們人生的這一步吧，當你們放下心裏負擔時，就能看到你未來的健康寶寶在對著你微笑，一家三口其樂融融，多麼美好的場景啊。

3 孕期體重飆升，產後體形還能不能恢復？

要說女人產後最熱門的話題是什麼，那就當數如何恢復體形了。

有些媽媽產後三個月了，可肚子卻還像懷著四五個月的樣子，去逛街居然還有人問預產期是什麼時候，這很令人尷尬，因此，找些能恢復身材的產後減肥方法來參考一下也是必須的。

只要能在「第一時間」內——產後六個月內徹底執行塑身計畫，便能逐漸恢復懷孕前的窈窕體態。因為這段時間，新媽媽的新陳代謝率高，生活習慣也尚未定型，因此瘦身的效果會較好。但剛剛分娩不久的新媽媽不能盲目節食瘦身，此時產婦的身體還未恢復到孕前狀態，應該保證營養的供給，不然落下一身毛病，到時後悔可就晚了。

孕期及產後積極運動是預防生育性肥胖的重要措施。適當的運動可促進新陳代謝，避免體內熱量蓄積。

產後運動應堅持三個原則：

1.避免劇烈運動。

2.選擇輕、中等強度的有氧運動。

比如散步、游泳、瑜伽，等等，且進行的時間至少要持續十五分鐘以上，若要有效燃燒脂肪，應持續進行三十分鐘以上，或是一天之內累積到三十分鐘以上才有效果。

3.切忌急功近利心態和懶惰好逸心態的交替。

產後健身的信念一旦樹立，不要輕易打破自己的心理防線，不可放縱。一方面不能半途而廢，偶爾貪吃貪睡；另一方面也不要急於求成，有時候進健身房一待就是幾小時。要心態平和地面對產後減肥。

學習產後塑身食譜吧。只要合理飲食，能用更少的錢把我們的體重減下來。如果哺乳，儘量不要吃太多脂肪類的食物，可適當以湯為主。

只要合理飲食，能用更少的錢把我們的體重減下來。如果哺乳，儘量不要吃太多脂肪類的食物，可適當以湯為主，新媽媽每日最好做到少食多餐，這樣不會給胃腸增加負擔，食物中的能量也能很快地被身體利用。

反之，如果一次吃完，血液長時間地集中在消化器官，使人昏昏欲睡，能量一時用不完便變成脂肪儲存起來。下一餐來臨時，由於過分饑餓又會吃得過多，從而形成惡性循環。

女人產後不要以大吃水果的方式滿足食欲來瘦身，因為水果中含糖量高，有些水果的含糖量可達到百分之二十。因此，每天吃水果的數量也要注意限制。數量最好控制在三百克以下（去皮去核後），吃香蕉不應多於兩根以上。

吃水果的時間也不可忽視，這對於控制過多熱量攝取很重要。最好不要在餐後吃水果，正確的做法是在餐前吃水果。這樣，等到進正餐時腹中已有食物，不會太饑餓，這樣就不易過多進食，有助於控制體重增長。

總之，無論你是即將生產的準媽媽還是已經生了寶寶的新媽媽，只要把握好產後減肥的最佳時機，做到合理飲食，適當運動，那麼苗條的身材終將會是屬於你的！

4 母乳餵養，會導致乳房下垂嗎？

女人最在乎的除了臉蛋，就是身材了，而評定好身材的標準之一便是乳房。豐滿而圓潤的胸部可以帶給女人無限的自信，可是，很多女人在經歷了產後母乳餵養後發現，自己昔日傲人的胸部竟然以肉眼可見的速度漸漸變小了，這時女人的自信開始被蠶食，她們把這全都怪罪在了「餵母乳」上，然而，餵母乳真的會導致下垂變形嗎？

小琴原先是個模特兒，自從去年懷了孕，便安心在家養胎，如今寶寶出生了，奶水十足的她竟然拒絕了餵母乳，她實在是擔心會失去自己的好身材，畢竟模特兒行業是靠這個吃飯的。可最終，小琴在全家人的勸說下以及自己對寶寶的寵愛，還是答應了餵母乳。

起初小琴母乳餵了七個月，斷奶後，乳房果然就縮小了，想起懷孕和哺乳期，胸圍升了好幾個罩杯，再看看現在的平胸，小琴不禁埋怨起老公來。然而老公對小琴說，無論她變成什麼樣，都是自己心中最美的女人，讓小琴開始放下了自卑情緒，投入到了產後身材恢復的大軍中。

她上網搜集了大量資料，從中學到了不少知識，這時她才發現，餵母乳並不是乳房縮水的元兇，此時小琴心想：幸好自己當初聽了老公的話，不然該多對不起自己的寶寶啊。

很多媽媽會覺得乳房是被孩子一口一口吸空的，把乳房縮水歸咎於哺乳。其實，並非如此。哺乳並不是乳房變小的原因，相反，餵母乳不單不會讓乳房變形，還能起到減少乳房重力、增加彈性的作用。也就是說，餵母乳，讓乳房更加不容易變形。

餵母乳的媽媽，乳頭會因為嬰兒的吸吮動作而變得更加突出，也更加紅潤。同時，由於餵母乳的習慣性角度問題，兩乳會自然微微向外傾，線條十分美麗。也許，這就是大自然賦予順應自然的人美的回報吧。

當然，哺乳時間適可而止，一般以八至十二個月為宜。哺乳時，防止寶寶過分牽拉乳房。

專家強調，不要吃退奶藥、打退奶針進行退奶，這樣會造成乳房急速收縮，導致乳房萎縮、塌陷，皮膚鬆弛，失去彈性。要斷奶的時候，可以用抑制乳汁分泌的食物，如韭菜、麥芽水、人參等食物，採取逐漸斷奶的方式更好。

哺乳期間補充足夠的營養，避免體重在短期內迅速下降，從而不讓乳房縮水。專家還特別不提倡使用雌激素來治療，因為雌激素的作用不是單一的促進乳房發育，它還會引起全身有關器官的變化。

那麼，究竟是什麼原因讓原本豐滿的乳房出現萎縮？怎麼才能恢復到哺乳前的挺拔雙峰？什麼才是產後豐胸的最佳方法呢？首先，堅持哺乳穿內衣，不讓乳房縮水。為避免產後乳房下垂，應該從懷孕時做起。

在懷孕時，應隨著乳房的增大，選擇**適當尺寸的胸衣**，絕對不可不穿，否則妊娠期乳房由於其纖維結締組織難以承受腺體組織的急劇增長，致使乳房下垂。產後也要隨著乳房的縮小，換穿較小尺寸的胸衣，才足以提供適當的支撐。

其次，**堅持產後運動，每天按摩**。愛運動的女性，斷奶後很少出現乳房下垂，這就是得益於平時鍛煉，胸肌發達的結果。堅持做伏地挺身、擴胸運動，使胸部的肌肉發達有力，對乳房的支撐作用增強，這樣不僅能防止乳房下垂，對防止駝背及體型健美都大有好處。

專家還指出，按摩乳房也很有效果，有兩種辦法可行：

一種是在每晚臨睡前或是起床前，將一隻手的食指、中指、無名指併攏，放在對側乳房上，以乳頭為中心，順時針由乳房外緣向內側劃圈，兩側乳房各做十次。這項按摩可促進局部的血液循環，增加乳房的營養供給，並有利於雌激素的分泌。

另一種方式就是洗澡時，用蓮蓬頭以環形沖刷胸部，這樣乳房才會更有彈性。

總之，母乳餵養的最大受益者其實是母親，其次才是嬰兒。從防病、治療、健身等實用功效，到還乳房、身材的美麗，都十分有益。聰明的女人不會剝奪孩子享受母乳的過程，更不會自己放棄美麗的權利！

5 誰來幫忙帶孩子，保姆還是老人？

要說男人苦，那是真苦。如今不僅女人在選擇結婚對象時講究條件，什麼車子、票子、房子，連丈母娘也開始挑剔起來了，其中很重要的一條就是：對方的父母要健在。這可不是因為別的，就是為了以後自己女兒生了孩子，有人幫忙帶。的確，現在的小倆口工作都忙，別說看孩子了，連自己都照顧不好呢。因此，有了孩子以後誰來幫忙帶，就成了小倆口必須要面對的問題了，是請個保姆，還是讓老人親力親為？

其實，父母的這個決定，與孩子的成長密切相關，畢竟小孩子語言表達能力很差，很難說出自己的真實感受，如果父母把握不好，那就會讓寶寶生活得不舒適。

正常情況下，還是由老人照顧孩子最佳，畢竟他們也是孩子的親人，在用心這方面絕對會勝於外面請來的保姆，金錢和情感的區別就是這樣顯現出來的。而在這個過程中，媽媽千萬不要認為奶奶帶孩子是應該的，要學會感謝老人，哪怕她只付出了一點點的努力，而且應該不斷地給老人鼓勵，時常買些小禮物送給她，老人自然會更加用心地照顧寶寶。

另外，對於老人提出的建議，不論對錯，媽媽都首先應該表示重視。如果奶奶說得對，媽媽不妨表示感謝，一旦有了問題，也應該大家一起討論。討論的時候，作為媽媽的你，一定不要忘了這樣的開場白：「為了寶寶的健康成長，我們來商量一下……」

如果新媽媽們確實覺得與家中的老人在帶孩子的理念方面有很大的差距，那就不妨委婉地拒絕吧！

「媽，我請保姆可沒別的意思，您是孩子的奶奶，我當然知道最疼他的莫過於您了，可您為我們這一輩操了一輩子的心，我可不想讓您再操心了，我這是心疼您！」如果媳婦能對婆婆說出這樣的話，那一切都可以搞定了。

總之，到底誰來幫忙帶孩子這個問題，還要根據各家的情況，具體問題具體分析。各有利弊，讓老人帶，婆媳關係是關鍵，教育分歧也不容小視；請保姆，文化差異和生活習慣你能否接受的了，這些都是新媽媽們要考慮的問題。但是，只要雙方都秉承著一切為寶寶的目的出發，那些所謂的問題也就都不成問題了。

6 全職媽媽：帶大了寶寶，還能適應職場工作嗎？

很多女人當初為了照顧寶寶，不惜辭掉了心愛的工作，現如今寶寶長大了，身為現代女性的她們怎甘心永久在家裏做一名全職媽媽呢？她們不甘寂寞重出江湖，可職場變幻莫測，這些女人最起碼已有一兩年沒有在外闖蕩了，很快地，她們便發現，無論是社會環境或是自身都已經發生了許多變化：自己變得不太善於跟人打交道了，充滿競爭的職場環境也有些令人喘不過氣來……

是什麼為這些「全職媽媽」重返職場設立了一道道的關卡？除了外界因素，一定還有很多自身的原因。那麼，我們要怎樣更好更快地融入新生活就是首先要考慮的問題。當了媽媽後，選擇工作的範圍突然變小，不再是想去哪就去哪，要考慮到孩子和家庭，工作的地方不能離家太遠、時間不能太長、上下班最好經過孩子的幼稚園以便接送孩子，等等。這時的我們就要按照自己的性格特點、能力、特長等進行一個詳細的職業規劃。

做好了職業規劃，下一步就要平衡你的心理落差去找一份相對滿意的工作。全職媽媽們想重新做回白領麗人，一般都是性格比較要強，她們在生孩子以前，大多都有一份不錯的工作。但她們在重新出來工作的時候，一切都得重新來過，全職媽媽們的心理落差一定會很大。這時，你千萬不能怨天尤人，把姿態放低些，也許你早已不能勝任當初那份滿意的工作了。這時你一定會問為什麼，因為你缺乏最新的技能，這也是我們下面要說的。

要不斷地為自己充電，決不能落後於社會。對於這些天天把生活重心放在孩子身上的媽媽來說，幾年前所擁有的技能在日新月異的今天很快就過時了，技能過時是她們重返職場時首先要面對的一個重大問題。

所以，即使在家中帶孩子，也要緊跟時代的步伐，給自己買兩本書放在床頭，讓自己多接觸外面工作的姐妹，或者有時間去參加些與你職業相關的技能培訓班吧。相信，如果你出現在職場中的形象不是一個孩子的媽，而是一個幹練的職場麗人，那還愁沒有好工作找上門嗎？

當你有了一份工作，就要作好足夠的心理準備去面對它，作好心理準備，要用寬容的心態面對一切困難，不要過於追求完美，只要盡力做好就好了。同時，要尋找適合自己的調整和放鬆的方法，對實際產生的壓力進行疏解，調整自己適應社會的能力。

當然，全職媽媽重新返回職場，不是說就可以放開家裏的事情不管，所以在步入職場之前，要對家庭的事務有所準備，在家務和小孩的安排上，都要做好妥善的規劃。這樣一個蛻變後的自己，想必你的老公會更加愛你，你未來的同事想不接受你都難啊！

7 單親媽媽：所有的問題都一個人扛，還是給孩子找個繼父？

一邊自己帶孩子，一邊還要工作，很多單親媽媽都非常渴望早日找到另一半，與自己一起分擔生活的苦與憂。然而問題並不那麼簡單，她要尋覓的不僅是個能給自己依靠的肩膀，還要讓那個男人成為一個與之不沾親帶故的孩子的父親，這讓很多單親媽媽都犯了難。

已經四十二歲的小潔被一幫朋友鼓動著去婚姻介紹所報了名，連朋友都看不下去了，紛紛說：「一個女人該有自己的幸福了」、「這些年你一個人苦也該受夠了，別自己扛著了」……

原來，小潔已經離婚十多年了，至今一直沒有再嫁，一怕再婚後夫妻相處不好，二怕再婚後男方對女兒不好。當時她也想過再婚，然而每次有人給她介紹，女兒就偷偷哭。她發現後非常心痛，為了女兒，她決定暫時先不結婚。

那時，她忙著上班，照顧女兒上學，日子雖然簡單清苦，卻也算充實。然而隨著女兒一天天長大，小潔越來越覺得孤單。現在女兒畢業了，每天忙著工作，忙著跟男朋友談戀愛，在家陪她的時間越來越少了。

尤其到了晚上，小潔一個人坐在家裏百無聊賴，特別希望有人陪她說說話。身邊這些多年的朋友看到此情此景於心不忍，小潔就被拉到了婚姻介紹所。

很多單親媽媽為了自己的孩子選擇了一生不再嫁人，這樣的母愛的確很偉大。她們的孩子會在長大成人後以各自的方式回報這份母愛，相對於女人這輩子來說，也是有憾而無悔了。

但是從另一個角度來說，這樣的選擇苦了自己一輩子不說，如果加深了孩子心理上的陰影，那可就得不償失了。

有些女人只是想到自己將來的另一半對孩子不好怎麼辦，卻忽略了孩子在這個不完整的家庭中長大所帶來的結果。甚至還有的單親媽媽會在和孩子發生矛盾時說出「我這輩子都是為了你，你怎麼能這樣對我」這種話，殊不知這種強烈的語言刺激會對他們產生很大的負罪感。這個「都是因為我，媽媽才不幸福」的陰影，讓他們隨著年齡的增長，越來越感到壓抑！這種壓抑的心理會讓孩子背負一生，並影響他們的健康成長。

心理學家認為，家庭是個三角關係，分別由丈夫、妻子、孩子組成，如果缺失一邊，家庭結構就不穩定了，在這個缺損的環境中的人，尤其孩子，性格、情感、人際關係都受到影響。這是因為父母是兩種性別角色，角色所決定的位置、身分和賦予的期待不是濃濃的愛能彌補的，不可能由一個人替代完成的。

一個只有母親存在的家庭不算是一個完整的家。孩子得到的愛也是有限的。雖然分開後的父母仍然給他全部的愛，但是孩子還是有可能因為失去「另一半」的影響和參照，性格中缺少某種氣質，如男性的陽剛、勇氣、果敢，女性的柔媚、韌性等。心理研究還發現，由於長期跟單親媽媽生活在一起，情感一直黏連在母親身上，這樣的孩子極易出現「戀母情結」，而且會隱性地影響到成年後的婚姻。

一個母親的成熟，對孩子的成長大有幫助。如果你不幸福，孩子怎可能會感受到幸福？為人父母有養育、呵護孩子的責任，同時也有追求個人幸福的權利。改變傳統的觀念，積極樂觀地生活，不單對單親父母本人的情感和生理需要有益，對孩子的身心健康同樣有益。所以，單親媽媽再婚不妨雙向考慮，如果可能，還是為自己找個依靠、為孩子找個繼父的好。

小珍離婚時帶著女兒，原來她也不願意再婚，但後來她還是走進了圍城。她選擇再婚，很大程度上是為了讓女兒相信，日子是可以過得很好的。雖然媽媽失敗了一次，但那只是一個意外，在這世上還有更多的美好和溫暖。經歷了一次失敗婚姻的小珍當然也害怕，但她更害怕女兒會因為媽媽婚姻失敗了，而不相信這世上還有愛情。

單親媽媽再婚與不婚的前提是：

你快樂，孩子才會快樂。如果你選擇不婚，至少要有自己的感情生活，有一個健康的心態。對婚姻失望並不可怕，可怕的是由對婚姻失望而產生對人生的失望。對於一個單親媽媽來說，這種心灰意冷是最可怕的，因為你受到挫折後對未來的心境與態度，都會影響到自己的孩子。

所以，為了自己的幸福，也為了孩子的幸福，單親媽媽們請慎重你們的選擇，其實這個世界上，好男人還是很多的，相信總有一個男人會走進你的心中，成為你的堅實依靠，成為孩子最合格的爸爸。

8 讓人頭疼無比的「性」教育

孩子到了一定年齡，父母必然會面臨著性教育問題。提到性教育，中國家庭的父母顯然做得不夠到位，也許是因為中國人自古就很傳統，對這些話語感到難以啟齒。但是，性教育，就是告訴孩子在必要的時刻學會保護自己，為了孩子的健康成長，作為母親的你千萬可不能小視。

網友「開放的媽媽」自豪地說：

「我對孩子的性教育很早，大概在她八歲的時候就開始了。一個女孩，在她的生理特徵還不明顯的時候，你給她講這方面的東西，她會很容易接受，也不會對這個很好奇。等她懂事了，你再和她說，誰都會不好意思。我一直認為中國孩子的性教育太晚了，這種性教育缺乏的直接後果就是孩子對性的懵懂無知，甚至受到性侵害。像我女兒，她在這方面調適的就很好，性在她的眼裏，和吃飯、睡覺一樣，既不神秘，也不骯髒。」

的確，女人別等到你的兒子光明正大地看你換衣服時，或者女兒在外人面前不注重裙擺飛揚的時候才想起「性教育」這個詞。專家指出：「在生命的前六年中，父母就應為孩子打下有意義的有關性的基礎教育。」

這時，他會慢慢地對自己身體的很多變化感到好奇，你沒有必要等到孩子發問才開始談論。作為母親的你永遠要想在孩子的前面。這時，我們要盡可能地教給孩子身體各部位的正確名稱，如陰莖、外陰等。這將有利於你與孩子更精確和方便地交流性方面的問題。身體上各部位的正確名稱也有助於你向孩子解說什麼是性侵犯。孩子也可以清楚地向你敘說是否有性侵害發生。

這個年齡階段的孩子對隱私有了一點點概念。如果孩子對你表示想自己一個人上廁所或換衣服，你可以替他關上門，告訴他：「媽媽就在外邊，幫你把衣服放在這裏了，有事叫我。」還可以為孩子制定一套進出房間的規矩，告訴孩子：

「如果媽媽的房門關著，你要敲了門才能進來，媽媽也有私人生活呀，當然，媽媽進你的房間也是一樣的。」

同樣，你也可以通過尊重孩子來給他上一課，比如他告訴你，他喜歡你帶他盪鞦韆，不喜歡你撓他癢。你尊重他的意願，他也會這樣要求別人的尊重。以後若碰到別人和他的遊戲超過了界限，他就會說「不」。

另外，對於孩子的發問不要選擇回避。很多孩子在小的時候總會問自己的母親：「我是哪來的啊？」這時候，做媽媽的總會敷衍地說是什麼石頭縫裏蹦出來的，或者撿回來的。

記住，你的孩子不是孫猴子也不是沒有人要的小孩，他們有父有母，你要清楚明確地告訴他們：

「你是我和爸爸愛情的結晶，一個男人和一個女人在有愛的前提下，便會發生身體接觸，於是，爸爸的精子和媽媽的卵子便會結合，那個結合體也就是親愛的寶貝你。」

如果他再深入地問什麼是精子和卵子，你也要耐心地解答。

如果孩子不問你生育之類的問題，你可以找一個適宜的場合，與他談談此類問題。比如遇到一位懷孕的鄰居，問問他：「有沒有想過，小孩子是怎麼到這個世界上來的？」有時候也不必擔心告訴孩子太多，孩子對於自己不明白的訊息，往往聽過就忘的。

說到底，其實最有效的性教育莫過於你和自己的另一半潛移默化中給孩子形成的思維，每次你在同對方牽手擁抱，互相謙讓而不是爭吵時，你都在給孩子樹立一個榜樣：相愛的人應該怎樣相處。當孩子長大時，他自然而然就會在他的情愛與性愛觀中反映出來。

所以，女人大膽地和孩子談談性教育問題吧，別讓你此時羞於開口的問題成為孩子未來人生路上的絆腳石。

第二章

難逃「七年之癢」，他還愛不愛我？

平平淡淡，是真？還是婚姻的殺手？
婚姻只剩下親情，該怎麼辦？
有了房有了車，愛情卻不在了，夫妻為何共苦容易同甘難？
女人出軌：抵不住他甜言蜜語的誘惑
婚後，遇到心動的男人
男人什麼時候容易有豔遇？
老公在外「逢場作戲」，算不算背叛？
老公出軌，什麼情況下該原諒？
反思：為什麼小三永遠勝過你？
如何面對有了外遇已悔過的老公？

1 平平淡淡，是真？還是婚姻的殺手？

似乎這年頭人們越來越推崇「平平淡淡才是真」的生存哲學。可不嗎？在這樣一個日益浮誇、日趨浮躁的社會，它猶如一杯清茶，平復人心頭的焦慮、安撫人憂鬱的情緒。但它又是一把雙刃劍，在密不透風的婚姻生活中，它會變成一個隱形殺手。美國一項最新研究結果表明，導致婚姻觸礁的真正原因不是之前普遍認為的夫妻之間出現矛盾，而是婚姻歸於平淡後，夫妻關係漸趨遲鈍和沉悶。於是，有太多的夫妻白天相敬如賓，晚上同床異夢。

三十二歲的小瑞最近很不順心。今年是她和丈夫結婚的第七個年頭。小瑞雖然嘴上反對「七年之癢」這個觀點，但內心多少有些擔憂。在一起生活了這麼長時間，兩人彼此都熟悉得不能再熟悉了，就好像對方已經成了自己身上的一個零件一樣。親切感、依賴感增多了，可激情卻少了很多。忙碌了一天下來，小瑞有時會不洗臉、不刷牙就躺在床上睡著了。「老夫老妻的，講究那麼多幹啥？」小瑞常常這樣駁斥老公。

三十多歲的女人明顯老了很多，體力不如從前了，經常這邊疼那邊癢的，臉上的皺紋也越來越明顯。看著鏡子裏的自己，小瑞不得不哀嘆時光的飛逝。為了照顧孩子，為了照顧家庭，七年來，小瑞投入了太多的時間與精力。她放棄了一次又一次的同學聚會，推掉了好幾次學習的機會，但她覺得不後悔。看著懂事的女兒，看著神采飛揚的老公，她覺得自己的付出是值得的。

但是最近，小瑞不敢再像以前那樣為自己的婚姻打包票了。她發現老公對自己的態度越來越冷淡，經常很晚才回家，而且倒頭就睡，很少和她聊天。小瑞的老公今年剛剛被提拔為部門主管，事業蒸蒸日上。三十五歲的男人身上滿是成熟男人的魅力，看著神采飛揚的老公和滿身倦意的自己，小瑞真的有些擔心了。

或許有人會說，婚姻就是這樣一件事：愛上一個人，發誓與之白頭偕老，然後一起生兒育女，然後是天天回家，撫養著兒女慢慢成長，天天看著對方的臉龐皺紋形成，白髮叢生，到最後，天天守著一個人，吃飯，睡覺，聊天，變老。婚姻的實質，就是這樣一種平淡中的相守。不是有一首歌這樣唱嗎？一生中最浪漫的事，就是和你一起慢慢變老——既然這樣，又何必朝秦暮楚、得隴望蜀呢？

不錯，平淡的相守是婚姻的實質，是婚姻的最高原則，但絕不是婚姻的全部內容，更不是婚姻的日常功課。

有調查表明，某婚戀機構曾諮詢五十對結婚十年的夫婦，結果發現，只有不到百分之十的夫婦還十年如一日的相親相愛，百分之四十的夫婦坦承他們之間只靠孩子和責任來維繫感情，當年天旋地轉的愛情魔力早已在歲月的風塵中消失得無影無蹤。剩下百分之五十的夫妻則說不清道不明，但他們全都不無遺憾的表示，昔日戀愛階段的衝動和激情已在逐漸遠離他們的日常生活。

這無疑是個危險的信號，在婚姻這場曠日持久的戰役中，任何激情四溢的愛情火花都將灰飛煙滅，當一對平凡的夫妻只剩下責任和義務的時候，你還能用「平平淡淡才是真」的所謂至理名言自欺欺人嗎？

所以，女人要想使自己的婚姻得以長久，那便少不了一些保鮮秘笈，而首當其衝的便是情趣。做個有情趣的女人吧，時刻保持與丈夫的親密無間。有些已婚女人對婚後仍與丈夫調情不以為然。其實，像偶爾幫他刮刮鬍子、在他逞強的時候撒撒嬌，或是與他打鬧逗趣一番，都會讓丈夫感受到你的頑皮、可愛和細膩媚人的生活質感。

搞浪漫不是男人的專屬，婚後的女人要親力親為。比如在結婚紀念日或情人節等日子，你在他觸手可及的地方，衣櫃、公事包、汽車裏，放置一些帶著香味的小卡片或是小禮物，上面寫上對他的愛戀之情，讓他一整天都嗅著愛情的芬香歡快不已。久而久之，由於你培養了他對愛情的敏感嗅覺，他也會回饋給你更多的示愛舉動。這勢必形成夫妻間愛的良性循環和互動。

●浪漫的燭光晚餐不只是婚前的戲碼。

有的妻子在廚房忙完後，會把鍋碗瓢盆敲得地動山搖：「老公，快洗碗盛飯，你想讓我伺候你到何時啊？」這時，丈夫會極不情願地幫你鋪桌盛湯，面對你的辛苦付出，沒一點感激之情。因為你在廚房裏所有揮汗如雨的勞動，都被這幾句不解風情的話給埋葬了。

聰明的女人不妨這樣做：端上幾盤色、香、味俱全的菜後，關上燈，點燃數支蠟燭，然後倒上兩杯醇香撲鼻的紅酒，再輕輕地喚出老公。

你看吧，此時，當他置身於燭光輝映中，嗅著一桌飯菜的香味，那放大的瞳孔裏，滿是對你的欣賞和感激。他會用日後加倍的工作成就，讓日子越來越富裕。

●讓情趣內衣幫你挽回激情。

夫妻生活對於每個家庭都尤為重要，每晚給丈夫一個驚喜，讓他夜夜在突襲的幸福中酣然入夢。

記得某位商人的妻子是這樣做的：當丈夫深夜而歸時，總能看到柔和的檯燈下壓著張紙條：

「老公，洗澡水在浴盆裏，解酒的茶在杯子裏，溫暖的性愛在被子裏。愛你的妻。」

丈夫莞爾一笑，一天的疲憊消失殆盡。他感覺此時的妻子是如此的妖媚和甜蜜，自己愛極了她。

總之，聰明的女人絕不會把苦心經營了多年的婚姻變成一部讓人生悶的文藝片，她們會做好自己婚姻的導演，不讓平淡成為愛情的殺手，把這部家庭影集變成皆大歡喜的娛樂大片。

2 婚姻只剩下親情，該怎麼辦？

有人說：「婚姻中，當愛情褪去了美麗的軀殼，剩下的只是赤裸裸的親情。」很多處於戀愛中或是婚姻初期的女人聽到此話都會為之恐懼，她們總會把平淡、冷漠、無情當作「親情」來解釋，於是寧願像有些明星一樣，選擇談一輩子戀愛。

小燕結婚兩年多，一直很愛很愛老公，可是老公前兩天卻說，哪有那麼多愛？現在就是親情。小燕愕然！

談了兩年半戀愛，結婚兩年多，她還沒有新鮮夠，而老公的愛怎麼就轉化為親情了呢？我們這麼年輕就沒有了愛情，還有意思嗎？沒有了愛情，是不是就容易出軌？這些問題一股腦地都跑到了小燕的腦子裏。

前幾天，小燕看到自己的老公在網上跟別的女人聊天，老公居然對那女人說「我愛你」，她幾乎瘋掉。於是，小燕上網尋求答案，竟然發現了很多與她有著同樣疑問的女人。如今，小燕有些後悔自己的婚姻，她想：要是能和老公談一輩子戀愛該有多好！

其實並不是這樣的，女人要明白，婚姻中，親情是愛情的昇華，這個前提一定是在幸福的婚姻的基礎上。世上難有永恆的愛情，卻絕對存在永恆不滅的親情，一旦愛情化為親情，那份根基，才不是建築在沙土上了。

愛情轉變成親情，是感情變化的必然，如果能夠正確的面對這個現實，那麼也就還存在所謂的幸福！要知道，夫妻之間的親情，是建立在愛情的基礎上的，就像金字塔是一層層往上堆砌的，有了愛情的基礎才能培養出親情，既然有親情，那塔底的愛情一定堅不可摧。

當愛情變成親情，婚姻中沒有了太多的激情，久而久之，日子平淡如水的安靜地過了一天又一天，於是有了七年之癢、十年之癢的說法，愛情在柴米油鹽醬醋茶中慢慢變換，其實這時，愛情已然用親情的方式延續著。

處於熱戀中的年輕人體會不到愛情變成了親情的滋味，難捨難分，甜言甜語，自是人之常情，一旦走進了婚姻，接觸到日常生活中的瑣事，是沒有那麼多的花前月下和浪漫可講，要吃飯穿衣、照顧孩子、孝敬父母、人情世事，沒有一件不費心費力費腦的，愛情在此刻便顯得蒼白，於是就有了一個磨合期。磨合，自然就是互相適應彼此之間不同的習慣愛好，適應雙方的家庭關係和社會關係。介入了雙方的生活，便成了彼此密不可分的一部分。

磨合期過後，激情也在慢慢的消褪，親情便在相依相偎、共同生活中逐漸產生，而這時，所謂愛情的成份居少，親情的成份在逐漸的增多。

與父母同住也不過二十幾年時間，與伴侶相伴的是一生的歲月，一個眼神就足以明白對方的心意，可謂心心相通。

相信沒有哪個女人不羨慕「執子之手，與子偕老」的感情，難道他們之間依舊有著轟轟烈烈的「愛情」嗎？其實，經過了幾十年的磨合，那種愛在婚姻之中已經很少很少了，更多的「愛」是關愛、「情」是親情。

在浪漫與現實這對變數此消彼長的過程中，親情悄無聲息的、漸漸的滋生出來。當你摸著愛人的手就如同自己的左手摸右手時的感覺一樣，無關痛癢，他也就成了你身體的一部分，變成了你的一種習慣，雖不浪漫，卻難以割捨！

世界上輕的讓你幾乎感覺不到，卻重的叫你承受不起的，那一定是親情。愛情的生命越長，這份親情就越是厚重，如一罈美酒，年代愈久、愈是香醇！縱是關山萬里，也隔不斷那份綿長的惦念，每個被風雨驚醒的夜晚，你都會為他掖好掀起的被角！

當愛情昇華為親情之後，婚姻生活會將心靈中的雜念滌蕩一清，一份安然、一縷溫馨會令你甘之如飴。這才是幸福的婚姻，真正的生活。

3 有了房有了車，愛情卻不在了，夫妻為何共苦容易同甘難？

「這麼多年，我們夫妻倆一直在背靠背抵抗世界。」這是一句多麼令人感動的話，我們本以為這樣的夫妻才能配得上海誓山盟，白頭偕老。卻不曾想，待到老公有錢了，買了房子，買了車子，想這苦日子終於熬到頭了，欣慰的笑這邊還沒消，那邊老公的身心就已經開始行動了。

於是，女人敏感的神經全部被挑動起來，偷查手機，夜翻口袋，日夜不寧。危機感讓女人日漸蒼老，疑神疑鬼讓男人越發不想回家，此時的婚姻正在日漸瓦解……

在艱苦的日子裏，都盼著能夠苦盡甘來，然而日子好過了，生活改善了，卻發現無法一塊兒分享勝利的果實。

共苦易，同甘難。苦時，兩人的心地都很單純，對對方的要求也很有限，一門心思只想著未來，兩人心往一處想，勁往一處使，汗往一處流，在共同的奮鬥中，感情自然融合；加之兩人的命運緊緊地綁在一起，彼此間也有一種相互的依賴，這種依賴也就更加深了兩人的團結。

然而，一旦苦盡甘來，隨著物質生活的改善，接受資訊的增多，眼界的開闊，人的想法就不會像從前那麼單純，對對方的要求也會相對地提高。

由於兩人接觸人與事的不同，觀念的不一樣，乃至性別的差異，這種日益複雜起來的想法和漸次提高的要求又很難一致。於是，摩擦有了，矛盾來了，彼此看對方都不像原來那麼可愛了。當然，也不排除有那種「飽暖思淫欲」致使夫妻感情破裂的。

從患難困苦中走過來的夫妻，其實感情是很脆弱的，更需要精心呵護。

呵護的辦法之一就是**嚴待自己**。

切不可一過上好日子就放棄追求、貪圖享受，更不能「有錢就變壞」，釀成家庭悲劇。

辦法之二就是**善待對方**。

須知如今的這一切都是兩人攜手奮鬥的結果，不要要求經歷過風雨打刷、困苦浸泡的對方仍有著如花容貌、如詩情懷。只有這樣，經受過共苦考驗的夫妻，才能夠順利過好同甘這一關。

4 女人出軌：抵不住他甜言蜜語的誘惑

也許是因為夫妻關係長期不和睦，也許是因為平淡的婚姻讓人為之乏味，總有些女人抵不住牆外男人甜言蜜語的誘惑，成為一朵出牆的「紅杏」，勢必要探探這園外的芬芳。然而，婚外情看似很美，實則它不僅是一朵帶刺的玫瑰，一杯色彩豔麗誘人的苦酒，更是一劑危害婚姻、損害家庭和攪亂社會穩定的「毒藥」。女人在這場戲中，扮演的永遠是淒涼的角色，最後得到的或許是兩個男人的拋棄和背離。

不到兩年的時間，小語就由一個人見人羨的女人變成了一個背夫棄子又遭情人拋棄的可憐女子。現在，她對自己的婚外情追悔莫及。

以前，周圍的親戚、朋友都羨慕小語有一個好丈夫阿俊，在公家機關工作的他，將小語照顧得無微不至。但就是這樣幸福平靜的日子，卻在一個週末的下午被擊得粉碎。

當時，一位中年婦女帶著三個男子闖入了小語他們家中，一邊罵小語「不要臉」，一邊開始拳打腳踢。阿俊急忙上前勸阻，小語趁機溜入臥室。中年女性「啪」的一聲將一疊照片摔到了茶几上。照片上全是妻子和一名中年男子親暱的畫面，阿俊當時就愣了，而中年女子不依不饒，揚言要給小語點顏色看看。

怕妻子受傷害，盧俊一急之下跪了下來，「這位大姐，這件事我一點也不清楚，您給我個面子，容我問清楚了再給你一個答覆。」在阿俊的苦苦哀求之下，中年婦女才帶著其他人離開。

小語打開房門，還沒等阿俊開口，就跪在了他面前，「我對不起你，我們離婚吧。」

當心中的疑慮在妻子口中得到證實以後，盧俊一動不動地在沙發上坐了一個晚上，「為什麼我對你那麼好，得到的只是你的背叛？」

小語的這段婚外情被發現時，已經進行了三年。這段婚外情到底是如何開始的，小語也說不清楚，似乎一切都順其自然。因為加班，小語總是在辦公室搞到很晚才走，她的上司則因為夫妻不和，待在辦公室不願意回家。

一次下班後，小語經過上司的辦公室，看到他一個人在唉聲嘆氣。原來，上司在前一天剛和妻子吵過架，此時他看見小語就大倒苦水。小語心中一陣酸楚，「這麼有才華的人，卻又如此可憐」。自從這天以後，上司和小語之間的關係便有了些微妙的轉變，不僅平日裏言語上對小語充滿了柔情，而且每次加班過後，他都會親自送小語回家。

大約半年後，小語生日那天，上司出其不意地送給她一條金項鏈。接著，兩人在辦公室發生了關係。事後，小語時常將上司和丈夫作比較，覺得上司有才華、會生活，而丈夫實在太悶了，便一直與上司保持著這種不正當的關係。面對著背叛了自己的妻子，盧俊毅然決然地同意了離婚。

的確，婚外情就如很多女人口中所說是「含笑飲毒」。女人一旦發生婚外情，很難再走回頭路，家庭破裂的比例非常高。同時，很多人和婚外情對象結婚後，覺得並不幸福，甚至懷念原來的婚姻生活。

那麼，要想遠離婚外情的傷害，女人首先要清楚造成這種婚外情的原因，然後才能對症下藥，徹底根除這顆毒瘤。

如果是因為夫妻關係長期不和睦，造成女人心理或生理上的不平衡，於是便產生出一種強烈的補償心理，使得你想借助婚外情來加以彌補，那麼與其自己擔心被丈夫發現，到頭來，傷害了對方也耽誤了自己，還不如直接明瞭地說出你的想法，如果對方能夠在以後的婚姻中滿足你，那自然最好，如若不能，趁早結束這段不幸的婚姻吧。

由於女人大多感性多於理性，所以她們腦中總是充滿幻想，而一旦這種想法付諸實施，就會對婚姻造成很強的殺傷力。如果因為不切實際的幻想引發女人的婚外情，那麼，這時女人一定要明白婚姻的真諦，結了婚就要對對方負責，都說男人要對女人負責，同理女人也是一樣的，在婚姻中，有時責任比感情重要。

還有就是追求刺激的念頭引發女人婚外情，由於生活目的的不現實，導致許多女人對丈夫期望值過高，而一旦丈夫沒能達到她們的理想要求，便會抱怨丈夫的平凡、乏味與無能，於是便會產生借助婚外情來追求刺激的念頭。

其實，平平淡淡是每個家庭都要面對的生活，當初再熾烈的情感終究會被生活中的柴米油鹽而磨滅，如果你能接受這份平凡，那麼等待你的終將是和另一半的白頭偕老。

不少女性在初戀時就明白，戀愛和婚姻不能完全畫上等號。婚外情的時候，女性考慮的問題應該更多，如兩個人走到一起後，孩子今後怎麼辦、自己能否化解對方家人的敵意、自己能否容忍對方還顧著原來的孩子……這些看似不值得一提的小問題，卻有巨大的能量再次打碎一場婚姻。

所謂魚與熊掌是不可兼得的，既不想游出令人陶醉卻又險象環生的漩渦，又想獲得家庭的溫馨，這是根本不可能的。所以，女人千萬別輕易邁出婚姻的城池，別被他的「糖衣炮彈」所俘虜，小心最終弄得自己遍體鱗傷，到時候沒有人會同情你；倘若你已經踏上了他的這條「賊船」，還是及時下來為妙，請求丈夫的原諒亦或者光明正大地和這個男人在一起，才是正確的抉擇。

5 婚後，遇到心動的男人

愛情，總是那麼突如其來，沒有人會知道下一秒鐘的自己將會愛上誰。這種機緣巧合在結婚前也許是再美妙不過的感覺了，然而當你早已嫁作他人婦，生活平靜美滿，並且打算著就這樣一直幸福下去的時候，卻遇到了另一個人，這個人像一束突如其來的閃電，瞬間照亮和震顫了你的心，讓你痛感原來的生活那般平庸，那般平淡，那般難以忍受……那麼你該怎麼辦呢？

下班後，同事都陸陸續續地回家了，只有小曼一個人坐在辦公室待到了很晚，她一直摸著自己左手無名指上的那枚戒指，它就好比小曼的緊箍咒，時時刻刻提醒著自己不能衝動。

小曼有一個幸福的家庭，和老公相識了一年便結了婚，她以為自己這輩子再也不會對哪個男人像對自己老公一樣心動了。然而和他的相識，卻打破了小曼內心的平靜。

他的出現純屬偶然。小曼原本是約定要採訪某品牌的市場主管，但對方因為突然的電話會議暫時脫不開身，只得請同事代勞先行接待，於是他出現了。

他是個善談的人，又熟知企業的發展理念，兩人聊得很愉快。他差不多四十歲光景，很魁梧的身形，眼睛明亮，鬍子剃得很乾淨，身上有隱約的古龍水的香氣。名片上的頭銜是「財務總監」，是小曼所見過的最有魅力的財務總監！

就這樣，那段時間，小曼和那個男人的業務非常密切，敏感的小曼也漸漸發現自己體內的某種意識開始蘇醒，那是一種對異性的渴求。心中充滿了糾結：

我是不是該勇敢地放棄？還是，我該把這份感情永遠放在心底？

這是此刻坐在辦公桌前「不敢」回家的小曼腦中最真實的想法。

這正是生活對我們開的一個最大的玩笑。在錯誤的時間遇到對的人，他究竟是你幸福的另一個開始，還是破壞你婚姻的肇事者？這似乎成為了很多已婚女人最糾結的問題。能夠控制自己的人，採取了逃避和壓抑自己或是理性處理的辦法，於是婚姻一切如常，而自制力差一些的或者特別崇尚感覺的人就可能會出軌。

其實，那種心動的感覺本身無所謂對與錯，可是女人，你一定要明白，愛雖是生命中很重要的東西，但不是全部。

愛就像玫瑰，雖然美麗，但是刺是會傷人的，如果只是一個人的痛苦，還可理性地治療，可是這份愛如果是傷人也傷己的，還是應該清醒地處理好這段關係，及時抽身而退，不要讓自己在這段無底洞般的愛情裏越陷越深，畢竟與一個人結婚也是一份難得的緣分，雖然婚姻把愛情變成了親情，但兩個人在一起的默契與固有的習慣還是很溫馨的。

婚姻其實本身就是一種有缺陷的生活，完美無瑕的婚姻只存在於戀愛時的遐想。走進婚姻，我們往往會犯一個相同的錯誤，不懂得珍惜已經擁有的，總是千方百計尋求不可能得到的。或者，當婚姻遇到挫折或危機時，我們首先想到的並不是自己的缺點，而是對方的不足。當這種不滿越來越多地產生時，婚姻殺手就很容易乘虛而入。

夫妻本是同林鳥，愛情之花應植根於互敬互愛、互助互諒的土壤中，彼此應該有更多的空間、更多的寬容，這樣才能防止婚外情的發生。

如果你想繼續享受現在這段婚姻，也許沒有多少激情，但至少是沒有風險的；如果你確實是個崇尚感覺的人，是那種敢做敢為的人，你就得冒著風險，因為那個婚外情的男人是否真的值得你為他離婚，這肯定是個未知數，唯有以後才能知道。

愛情雖然絢爛，但是女人請相信，婚姻給人的責任和清醒，還是勝過了愛情的瞬間感覺，在婚姻中，責任永遠比感情更有重量。

6 男人什麼時候容易有豔遇？

俗話說的好：「十男九花。」很多看著老實本分的男人骨子裏未必如此，也許只是他們還沒有豔遇的機會，或者有賊心沒賊膽。所以一般情況下，男人不會輕易冒險，但在外部和內部條件許可的情況下，這種事情發生的機率會大為提高。

俗話還說了：「防患於未然。」這是相對於女人來講的，女人要想在婚姻中得到永久的幸福，就少不了要用點心計，細心觀察男人，在他們豔遇的多發期時，適當給予情感上或精神上等各方面的彌補！那麼，女人就一定要掌握男人「豔遇」的多發期。

1. 人到中年，婚姻進入平淡期

當轟轟烈烈的愛情在婚後的平凡瑣碎中漸漸被遺忘，當你們的婚姻生活沒有過多的波瀾起伏，男人便會想方設法在外界尋求刺激，那種喜新厭舊的本能便蠢蠢欲動。

假如某一天，你發現和你結婚多年的老公，突然變得比以前更關注自己的外表了，比如他會在出門前噴上香水，喜歡路過商場櫥窗前偷偷地照鏡子，千萬不要以為他是因為你的苦心改造，終於修成正果，這很有可能是你們婚姻危機的信號。

一個四十不惑的男人，有時候突然會意識到青春不再。他因此感到恐懼，因此渴望抓住青春的尾巴。重視外表是他內心潛意識的表現。此時，他也許開始懷疑多年平淡的婚姻生活，懷疑生活的意義，然後渴望重新來一場火辣辣的戀愛。因為他認為，只有重新去體驗那種激情，才能證明自己還充滿了年輕的活力。

所以，女人不妨從現在開始，關注他的思想動態，盡可能使你們的婚姻生活充滿樂趣，幫男人度過這個危險時期，把他套牢在你們的幸福當中。

2.外出旅遊豔遇多，尤其是和辦公室女同事

辦公室員工出國旅遊時，平時難得放鬆的身心盡情舒展。湖光山色之間，平日壓抑的激情此時更是渴望宣洩。山水助興，人更容易春心蕩漾。

一次，三十二歲的大濤和同事因公出差，說是出差，實則就是外出旅遊。一起同行的人是三男兩女，其中就有大濤的師妹小芳，兩個人平時便有些好感，但是由於在公司這個嚴肅的場合，兩人都不敢有什麼非分之想。可是現在不同了，兩人立刻覺得沒有了熟悉環境的約束，好像魚兒回歸大海，又好像放縱的心出了籠。

當小芳在海邊行走，長髮飄飄時，那一刻，大濤說自己面對美女驚呆了。結果，鬼使神差般，晚上兩個人不約而同地在旅館的走廊相遇

了，然後走到了一起。

這時候，女人千萬別以為那就不讓他去好了，外出對男人來說確實誘惑很多，但也不是絕對的，如果女人不讓男人去，他們一定在心裏埋怨你，到頭來豔遇是沒有了，你們的爭吵恐怕是少不了的。

聰明的女人會大大方方的囑咐老公放心去，只要在他旅遊的途中時不時地發出這樣的訊息「最愛你的老婆正在家中等你回來」，適度地表達你的想念，就算他遠在他鄉，心也會為你駐足的。

3.悲痛、失意的時候

看過《雍正王朝》的觀眾肯定會對這樣一個情節印象深刻。雍正遭遇親人去世無限悲痛時，一位侍女溫言相勸。雍正在她的好言撫慰下，那一夜，將這個侍女占為己有。

很多人看到這個情節會非常不解，為什麼在如此悲痛的時候，雍正還有心思去做這樣的事情。

心理學家們說，恰恰相反，當男人們處於極度悲痛的時候，他們更需要性來發洩內心的悲傷，證明他還沒有被悲痛完全擊倒。他需要在一種深刻的絕望中，感受生命的活力和激情。

男人在失意的時候也是如此，急需要的是從女人那兒得到肯定，依靠女人的溫情來放鬆自己，進而重建自己的信心，假如這個男人缺少一位能與他水乳交融的伴侶，那麼此時他是很希望有別的女人「乘虛而入」的，甚至隨便找一個他平時不屑於親近的女人，假若有一個平時一直心儀於他的女人主動安慰他，那麼是很容易發生點什麼的。

男人脆弱的時候很像一個孩子，而女人天生就是當母親的好手，男人感情昇華有時是在他最為脆弱的時候完成的。所以，作為妻子的你要在他需要關心的時候送去一個擁抱，或是說上幾句溫暖的話語，讓別人無機可乘。

4.處於性饑渴時

男人的性饑渴好像是任何時候都存在的。美國一位婚姻專家說，男人是性方面永不滿足的動物。所以，因為孩子的出生，你將生活的重心全部放在孩子身上，既忽視了和丈夫的情感交流，也表現得對性絲毫不感興趣，這會讓丈夫的心開始游移。他失落，焦慮，如果碰巧他身邊出現了一位填補他這種「情感真空」的異性，那麼他很容易就移情別戀。

女人雖然在這個時期不能深度地滿足對方，但也不是說就徹底不能和他有性接觸，比如一個吻、一個擁抱，或者採取技巧的滿足他的性需求，都是女人需要學習的。

女人別把男人「豔遇」看成什麼大事，不少男人都說，一些短暫的誘惑，只不過令他們覺得自己仍然有魅力而已，只要堅守住不受誘惑，他們和伴侶的關係反而因此更密切，可說是有正面的影響。只要女人在男人最易出軌的時期適當地給丈夫一點「甜頭」嘗嘗，他們終究會明白「外面的再好也比不上家中的」這個道理。

7 老公在外「逢場作戲」，算不算背叛？

男人所謂的「逢場作戲」的確是一個非常普遍的問題，它或許是男人堂而皇之拿來敷衍女人的藉口，也極有可能是男人內心真正的無奈，亦或是男人變心和婚姻變質的開始，「逢場作戲」算不算背叛，早已成為現代男女婚姻爭執的一個焦點。

佩佩和老公結婚八年了，按理說，已經順利地度過了「七年之癢」，可最近兩人關係比以往任何時候都緊張。八年前兩個人結婚時，可謂一無所有，自從做白酒生意後，生活才漸漸好了起來。

與金錢一併上漲的，還有老公每月的電話費，那簡直高得離譜，從兩三百元一下子跳到六七千元！佩佩開始留心他的手機。這一留心，竟發現了他的「另一面」。

佩佩和老公結婚這麼多年，老公從來沒跟她說過什麼甜言蜜語，即使她跟老公撒嬌，問他到底愛不愛自己，對方也是一句話帶過「都老夫老妻了，這還用問嗎？」可如今，佩佩卻在老公的手機裏發現了好多甜蜜的短訊，「你的懷抱是我的避風港，你的眼神是我堅持的信念，你的好是別人無法比擬的！」「我不小心把『我愛你』誤發給你了，如果你接受就儲存起來，如果你不接受，就把這三個字回傳給我。」這些都不是發給自己的！

佩佩看完後怒火中燒，馬上質問他怎麼回事，可對方卻完全沒在意地說：「都是外面小姐亂發的，圖個好玩。至於電話，也說是打著玩的，那幾個女孩是客户介紹給我的，就見了幾次面。」

末了，他還語重心長地說：「老婆，你不知道，別的人出來談生意都有『小蜜』，而我沒有，很沒面子的！客户好心給我介紹幾個，我就臨時用用。你還不瞭解我？再說，要是真有什麼，還能留在手機裏給你看？」

佩佩看著老公這一套一套的大道理，心想：逢場作戲可不行！這算什麼？於是便「逼迫」老公趕快和那些女孩斷了聯繫。

雖然過後的幾個月老公手機裏沒了短訊，可電話費並沒有少。於是佩佩去電信處一查，原來老公還在跟人家聯繫，只是背著自己。

佩佩的心徹底涼了，這麼多年，他為了這個家任勞任怨，對兩家的父母噓寒問暖，誰都説他是個好男人。可就這件事，佩佩感覺就像吃了個蒼蠅，不至於毒死人，可就是讓人噁心。

面對老公在外面所謂的「逢場作戲」，女人應該不依不饒地追問呢？還是選擇諒解？這確實不好回答。

如果男人口中的「逢場作戲」僅僅停留在應酬時叫了個陪酒小姐，或者是和女客戶偶爾發一些類似曖昧的短訊等等，這時女人千萬切莫大驚小怪，要相信男人「逢場作戲」的確有無奈。

在現在這個社會，男人要想有一番成就，光坐在家裏等著天上掉餡餅是不可能的，他們總要出去應酬，結交更多的朋友來發展他們的事業。然而說到應酬，一群男人在一起有什麼意思，叫幾個小姐是再正常不過的事情了。

女人不要把這事想得多麼可怕，甚至多麼噁心，如果他心裏有你，即使身邊有了別的女人，也是會注意分寸的。

當然，這不是說女人就可以撒手不管，任其自由了。畢竟男人對美色的控制力不強，你在相信他的同時，也一定要做好監督工作。女人只有監督好了，才能既讓男人事業進步，又讓自己的家庭幸福。但是很顯然，這種監督是非常困難的，關鍵還在於男人自己要自覺。

提幾點女人進行監督的技巧：

1.要瞭解自己的老公是個什麼樣的人。如果你認為他本來就是一個隨便、好風流的男人，那就索性從一開始，你就從他的事業應酬上對他加以嚴格控制，用不著談什麼信任。

2.當他在外面應酬的時候，適時打電話或者短訊問候。其內容不必明言，可以是提醒他少喝點酒，回家開車小心，等等，讓他感覺到你的關心，從而給他在心理上打上一針預防針。

3.適時地告訴他你所知道的關於他的業務情況及朋友資訊。原因有二，一方面讓他覺得你是關心他的，另一方面，讓他潛意識裏知道他的許多行動你都是很清楚的。

4.每天無論他多晚回家，都要記得為他留一盞溫暖的燈光。讓他在歸家的途中遠遠地就能看到。

5.發現問題要及時果斷地進行溝通，並且適時介入。

對於逢場作戲，女人大可不必當真，但一定要用心，聰明的女人裝糊塗，愚蠢的女人真糊塗。女人心裏應該有把秤來平衡「逢場作戲」和「出軌」之間的關係，如果你的老公已不僅僅是偶爾發生這樣的行為，而是把他們的關係延續了很長一段時間，那麼可以很殘酷地告訴你，這不是簡單的「逢場作戲」，他已經徹徹底底地背叛了你。至於選擇原諒還是離開，還需要你自己定奪。

8 老公出軌，什麼情況下該原諒？

在女人二十幾歲的時候面對男人出軌，往往毫不留情地對其說拜拜，一方面年輕氣盛，容不得婚姻中的半點瑕疵，另一方面則是把婚姻想得過於簡單化了。

其實，看看那些年紀稍長點的女人，當他們的老公出軌時，有很多情況下她們都是選擇原諒的，甚至可以說，很多最終相守到白頭的夫妻也不一定途中就沒有偏離過軌道。所以，只要最終男人迷途知返，女人大可給他們改過的機會，找回你們的幸福。

確定丈夫出軌的那一瞬間，周圍的一切彷彿都在向她逼近，使她無法呼吸……等到血液終於流回血管後，「他們什麼時候開始的？」「那個人什麼地方吸引了他？」「他為什麼又來懺悔？」這些問題便一股腦兒地衝了上來。

事情發生在八年前，那天晚上，小豔的老公回來的很晚，小豔問老公幹嘛去了，老公對她說，小鐵失戀了，陪他喝了幾杯。小豔剛和小鐵通過電話，知道他們根本沒有在一起。其實在這之前，小豔已經感覺到了另一個女人的存在，但她只是想更加確定一下。憤怒，絕望，傷心讓小豔那晚歇斯底里了一場。

老公原原本本地告訴了小豔她想知道的一切，並懇求她原諒，那一刻，他提到了愛，小豔壓抑的情緒再次爆發了出來，摔碎了一隻水晶花瓶。丈夫定定地看著她，小豔心想：「難道他也有痛？」

較之大多數女人，小豔是理性的。情緒爆發後，兩人坐下來說了整整一晚，起初，全是老公在懺悔。漸漸地，兩人都談到了自己的問題。小豔發現自己太過於投入工作，很少去關心老公的感受。

於是，小豔對丈夫說：「我不知道還能否重新接受你，但我願意試試。」後來，兩個人還是住在一個屋簷下，在一張桌上吃飯，週末一起去接女兒。雖然和之前一樣，但只有小豔自己清楚，心裏的那個結還沒解開。

一天，女兒突發高燒，丈夫背著女兒下樓，他跑得飛快，小豔也跟著他跑，懸著的心，慢慢地著地了。醫生為女兒做了處理，告訴小豔並無大礙，小豔於是長舒了一口氣，坐在女兒的床邊。這時，丈夫走了過來，握住小豔的手，他的手厚實而溫暖，小豔沒有抗拒，兩人的手緊緊相握，傳遞著彼此的溫度和心事。

那一刻，小豔的心有了悸動，她知道，自己還深愛著這個男人。丈夫在小豔的耳邊絮語說：「老婆，相信我，我不會再做傻事了。」那一刻，小豔終於選擇了原諒，閉上雙眼，幸福的暖流從心房彌漫至全身，小豔心想：我們的劫難到此應該結束了。

面對男人出軌，離婚並不是女人唯一的出路。

什麼情況下可以原諒呢？

1.男人悔悟，並且在今後的生活中用行動證明了

正所謂失去才懂得珍惜，有些男人在出軌後才發現自己家中的妻子有多麼好，這時，如果還愛著他的你千萬別說出那句：「現在知道後悔了，早幹嘛去了？」這樣雖然能給對方一些教訓，但也苦了自己，完全沒必要。女人要讓自己幸福，並且要一輩子幸福下去，在這種情況下面對外遇回歸的他，你可以說：「原諒你也可以，但要看你今後的表現。如果我不滿意，隨時都會離開。」相信如果他真的知道錯了，在今後的生活中一定會加倍對你好的。這總比你一個人孤單面對這個世界要輕鬆的多，不是嗎？

2.尋求關心，出軌情有可原

有些妻子在平淡的婚姻中往往忽略了男人的感受，這時，如果外面的女人給予他們更多的關心，那麼很有可能就會發生出軌的行為。如果是這樣，女人一定要反思自己的問題。給他更多的關心，把他的心從另一個女人身邊拉攏回來。如果自家的女人給了自己足夠的關愛，相信他

們今後也不會再去外面尋求溫暖了。

3. 一時沒有經受住誘惑，但事後非常自責

男人在外面打拼，可能會受到很多的誘惑，很有可能一不小心就陷入進去，但事後又非常自責。女人應該理解男人的生理情況確實和女人不同，管好他，滿足他，是你目前需要做的，而不是盲目地指責或者離開。

當然，這能不能原諒，還要靠各家女人具體問題具體分析。但女人不得不承認，男人出軌就好像是我們婚姻中的一面照妖鏡，它照出了婚姻中的不足。女人不必急著選擇離開，也許這個男人並不是無可救藥。如果你們還相愛，如果他祈求你再信任他一次，那麼女人別輕易為你們的婚姻判死刑，有時候，幸與不幸就在我們的轉念之間。

9 反思：為什麼小三永遠勝過你？

「小三」在很多已婚女性的眼裏就是「狐狸精」、「壞女人」的代名詞，是造成婚姻不幸的始作俑者，因此很多女性提起小三都咬牙切齒，恨不得啐上兩口、扇上兩巴掌才能解心頭之恨。女人，先別急著洩憤了，與其怨天尤人、咒天詛地、借酒消愁，倒不如拿他山之石來攻玉。你有沒有想過，小三到底哪裡勝過你？總不會平白無故讓你的男人棄你而擇她吧？

很多女人都有一種心理慣勢，結婚後，一切塵埃落定，曾經的優雅美麗，到了這一刻，可以喊停了。在婚禮結束後，女人開始「卸妝」，從此，之前那個漂亮美眉變成了庸俗婦人。於是總有些男人，出軌出得理直氣壯：「你看看你，哪一點像能迷得住老公的樣子！我是男人，我需要一個能讓我迷戀的女人！」

對美的不懈追求這點，小三就勝於你。小三不一定很漂亮，但絕對足夠精緻，她們很會打扮和修飾自己，穿戴的每套衣服和配飾似乎總能恰到好處，如此看來，男人為她們著迷也是「情有可原」。所以，聰明的女人應該多多關注時尚動態、注意飲食，保持身材。

有相當大一部分男人外遇，都是由於家中的「正宮」不夠體貼，小三大多比「正宮」要溫柔體貼。正是因為有這樣一個巨大的反差存在，「正宮」才失去了一個很大的幸福籌碼。女人不妨在婚後拿出戀愛時的那股溫柔勁，把男人融化在「蜜窩」裏，讓他們無法掙脫。

男人最需要的就是自由，所謂若為自由故，愛情皆可拋嘛。男人結婚後往往被妻子、孩子、家庭所束縛，他們需要一個相對自由寬鬆的生活空間。而這點，女人就要向小三學習學習了。她們在情感上會比男人的妻子表現得大度，而這種大度恰恰是男人，特別是已婚男人最需要的，男人們都渴望自由、寬鬆和隨意的生活狀態，這點他能在小三這邊找到，而似乎在妻子那裏只能是一種妄想了。

會獨處的女人才有神秘的魅力。這份距離感，就好比是雙方感情的一個發酵劑，讓人心癢癢的。那麼多男人，一天只能見情人兩個小時，但這兩個小時卻是釋放他全部激情的精華時段，原因就在於，分離激發了他的「愛覺」。

每一個男人都這樣，當女人不在身邊時，他會心心念念想到她的好，當女人時時刻刻在身邊，他只想從她身上挑毛病！所以，作為太太，不要一天廿四小時去查勤，當他不在身邊時，好好安排一下自己的娛樂節目，當他回到家，看到一個容光煥發的快樂太太，不動心才怪！

小三都是好色的，她們對於有型有款的男人有著高度的敏感，一旦愛上了，就會毫不猶豫地去向他表達自己的傾慕。但太太們卻很少能做到這一點。太太即便有愛，也疏於表達，即便想要表達，也總是含蓄地欲言又止，她們會講「老夫老妻了，那麼肉麻幹什麼」，可不要這樣說。

對老公，既要嘴上誇他，又要表現出想「吃掉他」的欲望，從心理角度看，男人最喜歡的女人類型，是風情且欲望勃發的，一個貞潔淑女般的保守太太，只會令老公覺得敗興。小三總能橫行，可見是太太們太「乖」了！

小三就像一面鏡子，照出了女人婚後的不足之處，女人只要稍有改變，男人便能察覺到，其給男人所帶來的真誠、感動和願望卻是巨大的。這時，往往一百分的小三都抵不上六十分的妻子，男人自然會乖乖地回到你身邊來。即便挽回不了現在這段感情，也總能在下一段時刻警惕。

10 如何面對有了外遇已悔過的老公？

當婚姻遭遇出軌的變故，女人往往考慮到孩子或是過去的感情而選擇原諒。然而在這樣的「創傷婚姻」中，很多女人一輩子都深陷痛苦之中無法自拔。有的妻子動不動就搬出丈夫曾經出軌的事情掛在嘴邊，有的女人則會選擇冷漠對待，依舊照顧孩子、孝敬父母，對外裝做一對恩愛夫妻，但是回到家裏，各幹各的，沒有正常的感情交流，這樣只能使夫妻關係更加惡化。

一年前，她的丈夫曾與公司的女同事發生了一段地下情，雖然事情曝光後，在雙方家長的勸說下，兩人最終分了手，那個當了第三者的女孩也從公司調走了，丈夫最終回到了自己身邊，但是她卻總是感覺心裏有疙瘩，無論如何也找不回當初的感覺。特別是每當丈夫要與她親熱，她就會不由自主地想起丈夫曾經背叛過自己，和別的女人發生婚外情期間，是否也和別的女人做過那件事，一想起這個，她就會興趣全無，並且感到陣陣噁心。

其實，男人出軌後，即使很多女人選擇原諒，但實際上，內心的傷痛並沒有完全癒合，心頭的陰影揮之不去，因此很難有什麼幸福可言。經歷了千創百孔的婚姻要重新開始，確實不是很容易的事情。作為接受他回頭的你，如何正確的對待他的回頭對以後婚姻的長久性起著決定性的作用。女人要給他也給自己一段時間來重拾愛的感覺。

選擇了原諒就要忘記。既然選擇了原諒他，那麼就應該徹底的忘記發生的事情，也許你認為這樣很難，很不公平，但是你要明白的就是自己要的到底是什麼。給夠他充足的時間來忘記那段感情，不要妄想他人回來了，心就回來了。不要給他壓力，婚姻中重要的是你能否在對方面前做到真正的放鬆。

不要懷疑他的心還沒回來。女人對自已要有信心，對他也要有信心，他既然選擇了回頭，就說明你還是最好的，相信是他比較積極和明智的選擇。也許你本能的就會猜疑，但是你必須戰勝這樣的猜疑，因為懷疑本身不是建設性的，而是破壞性的。給自已和他彼此一段時間和餘地，慢慢地修復，也許會經歷個幾年，可是比起失去他一輩子要值得的多。

不要冷戰，要溫暖地對他。他像個做錯事的孩子回來了，他已經知道錯了，對事不對人，不要總是提醒他對你的傷害有多大，他不是傻子，他很明白，更不要動不動就提起他的情人，你唯恐他無法忘記而時刻幫他想著嗎？你更應該注意的是，如何給他一個彌補的機會。讓彼此在這段時間裏，互相體諒，盡可能地增進和加深感情。珍惜他點點滴滴的進步。要他看到你的溫柔、你的好，要他知道他的回來是正確的選擇，這樣他會更珍惜你們的將來。

性是婚姻裏不可缺少的。很多夫妻在重新開始的婚姻裏，親近是個很大的難題，無法回到原來的溫度。女人總會有意無意地從腦子裏冒出來他和別人曾經怎麼在一起的念頭。對女性而言，性生活的意義大部分在於愛情的鞏固和加深，而在婚姻關係中，男人對性生活是非常看重的，男人大部分是不善言辭的，因為他們的邏輯是行動重於語言，有時候給他們一個他們習慣接受的臺階下，是非常重要的。

要經常溝通。不要忽略在一起的任何細節，如一起做家務、給他一個擁抱、一個親吻，這樣一方面改善女性心理上的陰影，另一方面也讓老公感受到妻子的愛。溝通不是沒完沒了地談論著過去的事情，這樣的「溝通」只能讓他望而卻步，或許逃的更快點！

假如經過一段時間，你始終無法讓自己坦然面對，再也沒有了從前的感覺，那說明他出軌後，在感情上對你造成的傷痛將是無法修復的，那麼不妨告訴自己：我盡力了，這段感情放下也罷。

第三章

別把自己交給命運，女人的好命不是「算」出來的

為何女人喜歡「算命」？

別讓新時代的「迷信」害了你

命運不是「上天」注定，而是握在你的手心

身分背景不能決定你的未來

不要期望別人改變你的生活

不要把婚姻交給命運

能夠救你的只有一個人，那就是你自己

1 為何女人喜歡「算命」？

如果你是一個關注女性讀物的人，就會發現，適合女性閱讀的期刊、雜誌等，與男性讀物最大的不同，就是其中會有大篇幅關於算命、占卜、預測之類的內容。而且，如果你去鬧區的霓虹燈廣告板下面的看相攤子、百貨公司旁邊巷子裏的算命舖子問一問、瞧一瞧，就會發現，來算命的顧客，至少有七成是女性。

由此不難看出，女性朋友們是多麼鍾情於算命了。但是，為什麼女人會在科學如此昌明的今天，仍然對這些非科學的占卜術這麼感興趣呢？

其實說白了，無非是女人的「命理說」在作祟。女人相較於男人總是更感性的，每當遇到不如意時，她們就會很自然的聯想到「這是命運的安排吧？」於是就順從了命運。或者在需要自己作抉擇的時候，因為不知該怎樣作決定，於是又會想去徵詢「命運」的意見。

也許你會笑她們愚蠢，但就是有很多看似「可笑」的原因驅使著很多女人依賴算命過日子。

1.算命是女人閒來無事的一種消遣

女人一旦閒來無事，就會想要尋求某些消遣，算命就是一種不錯的選擇。女人總是想：閒著也是閒著，何不去聽聽「大師」的預言？沒有什麼不順利的事情自然最好，萬一有，也好立刻求解！

2.算命是女人心有不安時的一種自我慰藉

去算命的女人，大都是有點什麼心結憂鬱，因遇到問題或碰到事情出乎自己意料而困惑。無從解釋也心神不定，唯有求神去，算算命、聽聽大師指點迷津，心方可安穩！實際是精神安慰。

3.女人想通過算命知道自己的未來

男人即使算命，通常也只是問自己面臨的問題，而女人則希望通過算命知道關於自己未來的一切。比如老公會不會升官、兒子成績會不會考好、媽媽生病會不會好、妹妹到底嫁不嫁得掉、不管三七二十一全問了再說，最後連家裏阿姨都要拿來算一下。因為她們總是希望自己一生命運平順，身邊的人最好也不要出問題，就算有問題，也要通過算命而「早知道」，最好算命先生還能告訴自己一個轉運之法，就萬事大吉了！

4.女人希望算命可以幫助自己找到命中注定的緣分

因為現代的女人都對未知的男友存在極大的不安，總是期望能儘早知道誰才是自己的真命天子，所以當出現了追求者，自己卻拿不定主意的時候，就會想通過算命來測一測他是不是自己的真命天子。

5.女人愛算命，因為她們抗拒不了權威，對神秘感充滿嚮往

尤其是小女孩，總是滿心幻想。所以，當「大師」留起鬍子，拿出種種小道具，說出歷史上的豪傑、現在的偉大人物，以及聲名遠播的學者的時候，女孩們就會不由自主地被這種神奇的效果所吸引，甚至心生崇拜之感。

6.女人甚至會把算命看作是自己的行為指導

如果男人去算命，通常只會問一些關於「大方向」的問題，而女人則會在細節問題中樂此不疲地追尋答案。比如在家裏擺上一盆桃花會不會有好姻緣，出門踩到下水道孔蓋會不會走楣運，甚至還會要求把哪一天哪個時辰好運、哪個時辰運氣不佳都寫出來，等等，因為在女人看來，「大師」的「指點」就是自己的行為準則！

凡此種種，於不同的時期不同的人生經歷大可各異！但女人大多愛算命這是不爭的事實。好像總有問不完、算不清但偏要打破沙鍋問到底的耐性。有無事情或事情大小都可成為算命的內容之一，因為她們堅定

的相信只要自己心中有誠意，就一定可以感動「上天」，為自己的命運指點迷津。

可見，算命更多的時候，只是女人在對自己進行積極的心理暗示，比如年輕的女性算命大都在期待中等待幸福，特別是在戀愛、姻緣等問題較容易受到算命的所謂「命理」的影響！其他女人也一樣，總是希望算一算，可以得到「你會一生幸福」的結論，然後就可以安心地等待幸福命運的降臨了。其實，她們心中也未必不知道這種「算」出來的好命運言過其實，但就是願意相信，不能不說這也是一種自欺欺人的心理安慰吧！

2 別讓新時代的「迷信」害了你

不要以為我們破除封建迷信已經幾十年了，這種「封建遺毒」就再不會殘害年輕人的思想了。恰恰相反，一股新的迷信浪潮，正以花樣繁多的形式向我們席捲而來，而受其影響最大的就是年輕女孩們。

無論是塔羅牌裏神秘的占卜術，女巫師水晶球中對未來的預知，還是筆仙、碟仙的神奇測算能力，無一不是時下女孩們津津樂道的「娛樂」。就像電腦病毒強大的傳播能力一樣，這種新時代的「迷信」也以其巨大的殺傷力在女人聚集的地方瀰散著。

甜甜是一個喜歡追趕潮流的女孩，當然也不會錯過塔羅牌這麼時尚、流行的東西。從最初的愛不釋手，到後來的幾近癡迷。最後，甚至用它來確定自己的終身大事。

本來，甜甜已經決定要和男朋友結婚，準備過年前就辦婚事。恰在此時，甜甜通過塔羅牌預知到自己會成為男朋友生命中的「剋星」，於是，為了不傷害自己的愛人，甜甜果斷的以「如果結婚自己會剋夫」為理由與男朋友解除了婚約，本來一對甜蜜的愛人，就這樣黯然分手了。

舊社會的算命無疑是一種迷信活動，是封建落後思想的產物。而這些新時代的迷信雖然有更多的娛樂色彩，但如果太相信，甚至把它和自己的命運聯繫起來，也會對自己的生活造成傷害。

其實，像甜甜這樣的女孩有很多，她們會因為占卜說「你們是有緣人」，就接受了一個本來不適合自己的男人，或者明知對方不是自己喜歡的類型，卻因為塔羅牌上說他是命中注定的「戀人」，而牽起了對方的手。但你們可知道，隱藏在占卜術下的人生「騙局」就是從這開始的呢？

如果說占卜、預知都只是一些偽裝之下的騙局，那為什麼還會經常聽到女孩們非常篤定的說「那個半仙算得真是好準啊」之類的話呢？其實，那是因為女人們不聽「不準」的部分，只聽「準」的部分之故。每一種占卜都正是抓到女人的這一點心理在作怪。

比如，當你去求助於占卜師的時候，他通常會在第一句話就讓你對他的「法力」深信不疑。一開始占卜師就會說：「這一段時間，你家附近應該正有施工在進行吧？」如果你家附近果然是在施工，你定會心頭一震地想「他說得真準啊！」可凡是生活在大都市裡的人都知道，城市裏幾乎到處都有各種工事正在進行，因此，誰家附近沒有幾個工程正在進行著呢！

而且，萬一你家附近剛好沒有施工，你說了一句「沒有啊，我家附近並沒有在進行施工」的話，占卜師也會順水推舟地說：「我就說嘛。如果正在進行施工的話，你的運勢就不會是這個樣子的了。」

說來也是，信的人多了，還真的由不得你不相信。芸芸眾生都是凡夫俗子，立於世，受天地之靈氣而存，食五穀雜糧而生，機緣和巧合往往是無法說得清晰卻又那麼實在！尤其時下社會日益激烈的競爭和排擠的可能性大為加劇。人心也變得那麼的複雜難測甚至是詭異，越來越多的女人熱衷於占卜、算命也就不足為奇。

但是，女人應該聰明些，水晶球的寓言就算真的帶給你某些關於人生的啟示，你就真的可以從巫師的口中知道人生的「天機」嗎？「天機」顯然是不可洩露的，來自西方傳說中的「女巫」也很明顯是為財而謀的，不然怎麼會各個都號稱「不準不收錢」，但卻從沒見哪位不收酬金的呢？

殊不知，女人在這些小把戲面前的一廂情願，已經把自己變成了算命先生的「肥羊」。情節輕一點的，只是聽對方建議買買水晶、指環等吉祥開運物；情節嚴重的，買幾萬元的金紙，說是要燒給冤家債主有助改運。至於是否有用，真的只有天知道了。

我們既然生在文明時代，就應該相信科學的規律，而不是偏執的陷入各種「假說」的怪圈之中。身為現代女性，如果讓迷信「迷」住了頭腦，相信占卜、問卦等歪理邪說，遇事用迷信說法去解釋，非但荒唐可笑，而且會因此喪失做事機遇，給自己留下解不開的心結，還會給周圍人帶來消極影響，可謂害人又誤己。

一張牌、一枝筆、一個水晶球，都不能預知你的命運，如果盲目的相信它，必將對你的正常生活造成巨大的影響。所以，美麗的女孩們，醒醒吧，別再讓新時代的「迷信」害了你！

3 命運不是「上天」注定，而是握在你的手心

大S說：「我不喜歡算命，也不想知道自己將來會變成什麼樣子。因為我非常相信自己的力量，覺得『自己的命運可以用自己的力量去改變』。」但是，總是有更多的女人願意相信命運，她們熱衷於藏在掌紋裏的秘密，認為在冥冥之中，一定有一個神在掌控著芸芸眾生的命運，一切都是命中注定的。比如嫁錯了人，她們會拿「嫁雞隨雞，嫁狗隨狗」這樣悲觀的理由來安慰自己。

有這樣一個故事，有人問一位高僧，如何才能改變自己的命運。高僧問他：「你的生命線在哪裡？」「在我手心裏。」「你的事業線在哪裡？」「在我手心裏。」「你的愛情線在哪裡？」「在我手心裏。」

「那麼你的命運在哪裡？」那人恍然大悟，原來命運，在自己的手心裏。

張開你的雙手，掌心糾結交錯的是你的命運，握緊你的拳頭，命運就在你的手心，你就是它的主人。就算你天生比別人不幸，但這並不是命運的結局，而僅僅是一個開始，改寫未來的權力，都在你的手中。

對一個女人來說，可能發生的最壞的事情，莫過於她的腦子裏總認為自己生來就是個不幸的人，命運女神總是跟她過不去。其實，在我們自己的思想王國之外，根本就沒有什麼命運女神。我們是自己的命運女神，我們自己控制、主宰著自己的命運。

世界超模娜塔莉亞以「英國子爵兒媳」的名義向全世界公佈，命運是可以扭轉的。

娜塔莉亞出生貧寒，在莫斯科附近的一個小鎮上長大，年幼時靠著水果店的小買賣與母親勉強度日。十四歲時，經星探指點來到了巴黎，很快即以自己的清純美貌、幸運，更是依靠自己的刻苦努力成為了新一代的伸展台寵兒。

這個兼具灰姑娘的美貌與神奇經歷的俄羅斯女人，無論從紐約到巴黎，她都是各大品牌欽點的開場模特，不但躋身世界頂級超模的前十位，也集各大品牌的代言於一身，她的身影在世界頂級品牌周圍時常出現。但她不會為了賺錢什麼都去代言，她有自己的判斷力，她知道如何把握自己的事業方向。

十九歲的那一年，她嫁給了來自英國顯赫的貴族之後賈斯丁波特曼，已故英國子爵愛德華亨利的第三個兒子，婚禮盛況空前，新郎在聖彼德堡租下了彼得大帝的後宮，圓了灰姑娘的人間美夢。

幾年後，廿五歲的超模正式宣布退隱，作為年輕而幸福的母親，她將陪伴她的三個子女回歸傳統的豪門生活。

如果上天沒有給你富裕的出身，與其怨天尤人，倒不如運用自己的天賦優勢去創造幸運。幸福掌握在自己手中，命運也是由女人自己的心態所決定的。千萬不要信命，你才是自己的救星。

在命運的面前，我們能說什麼？無奈、嘆息、憤懣，抑或是坦然。不，這都不應該是女人應該做的，女人應該為改變自己的命運做出不懈的努力，並堅信會有「醜小鴨」變「天鵝」的一天。這個時候，命運就像是一個奇妙的精靈，向你現出它美麗的微笑。

經濟學上有這樣一個鋼板價值說：一塊普通的鋼板價值五美元，把它製成馬蹄掌，它的價值就變成了十點五美元；把它做成鋼針，其價值就是三千五百五十點八美元；把它做成手錶的指針，價值就可以攀升到廿五萬美元。

這個價值觀，和女人的命運論也是相通的。比如一個容貌一般、資質平平的女人，就像一塊普通的「鋼板」，本來只值五美元。如果她飽受一次又一次殘酷打磨、敲擊，成為手錶的指標，那麼她就會實現人生價值的成倍增值。而做鋼板、馬蹄掌、鋼針還是手錶的指標，完全取決於你自己。

女人們，堅強地面對自己的人生吧，當你跌倒的時候，激勵你自己爬起來，繼續朝前走，這樣，就不會有任何人可以再次讓你倒下，而你，也就真正的成為了自己命運的主人！

4 身分背景不能決定你的未來

常聽人說：學好數理化，不如有個好爸爸。於是，很多女孩就把自己的失意歸結到了父輩的不得志上，抱怨自己出身不好，總覺得「低人一步處處低」。但是，出身無法選擇，再多的抱怨也無濟於事，與其眼紅別人「千金小姐」的身分，不如放下出身卑微的包袱，誰能斷言平凡女子的未來一定是平庸的呢？

奧維說：「一個人偉大，並不在於富裕和門第，而在於可貴的行為和高尚的品性。」

不努力的人，出身再好也無用。

孟子說：「天將降大任於斯人也，必先苦其心志，勞其筋骨，餓其體膚，空乏其身，行拂亂其所為，所以動心忍性，增益其所不能。」

出身低微的人，在艱難的環境中長大，很容易被各種消極偏激的情緒所困擾。抱定了「物極必反」的態度，覺得失敗總有個底線，只要撐過了底線，光明就能來到了，於是就安逸地守在那裏，等著這個底線的到來。

如果一直都懷著消極的情緒去生活，不僅對我們成才和成功沒有半點促進作用，而且還會阻礙我們前進的腳步。所以，還是選擇在「空乏其身」之前去努力奮鬥比較好。

廿一歲的阿娜・伊萬諾維奇努力躋身網球世界排名前列，展示了她過人的天賦，然而她這一路走來並不容易。

一九八七年，阿娜出生於貝爾格萊德一個普通家庭，在前南斯拉夫的戰火中長大，家庭生活很艱苦。回憶起那段經歷，阿娜說：「那些日子很複雜、很艱苦。我的父母沒什麼錢，當時要想獲得贊助讓我成為職業選手很困難。一九九九年，塞爾維亞在打仗，空襲時常發生。」

但阿娜並沒有放棄夢想，從小就喜歡網球的她，強烈要求父母讓她去網球學校，她把學校電話號碼默記在心裏，好讓媽媽給他們打電話。爸爸看見她如此沉迷網球，立刻就給她買了把球拍。這就成了阿娜網球職業生涯的開始。

「是的，我那時非常小。」在接受採訪時，她大笑著說：「五歲，很小。可能事實上我在那更早的時候就已經開始了。當我還是個孩子的時候，我認為我從來沒玩過洋娃娃，我手裏總是拿著網球或者網球拍。我有一些大概我三四歲時候的錄影，錄影中的我拿著網球拍在跳舞，當然，我像是拿著一把吉他。」

阿娜對於網球的執著是難以想像的，二十世紀九〇年代末，天還沒亮她就早早起了床，冒著危險，像個職業選手一樣從早上七點就開始訓練，這對於一個十一歲的小女孩來說是相當不容易的事情。

終於，阿娜的努力沒有白費，在瑞士，她與第一位經理人簽了一份合同，獲得了參加國際比賽的機會。阿娜的經紀人蓋文·弗西說：

「阿娜被介紹給我們管理公司的主席丹·霍茲曼認識，他立刻被阿娜身上所散發出的雄心和謙遜所吸引。他從阿娜的眼睛裏看見了決心，並且立刻就同意為她的發展提供贊助。很明顯，他作出了英明的決定。」

阿娜是自信而快樂的，即使在艱難的歲月還保持著很好的幽默感。她長著頑皮的眼睛，總是面帶笑容，而且年紀輕輕的她總能坦然面對來自媒體的各種壓力：

「很可惜媒體有時候混淆了關於我的一些真相。當我因為連續輸掉了幾場比賽，看見自己被拿來和庫妮科娃對比，或者有人寫我沒有對勝利的渴望時，我會感到惱火。真的！因為這不是事實。但我知道一個人不可能去抗拒那些。你必須要對自己有信心，沿著自己的路走，不要讓外面的事物干擾到你的工作。」

其實，上天對每個人都是公平的，不同的只是，有的人的優勢顯露在外，有的人的優勢則被蘊藏於內。出身平凡的人就是那些優勢蘊藏於內的人。只要敢於正視現實，敢於選擇成功的道路，一樣能描繪出精彩的人生。

生出來就是大戶人家的千金固然好，但是如果你沒有這個「福分」，也不必為此煩惱，甚至自卑。挨過餓的人，方能體會到一碗粥的熱量。也許正因為出身平凡，你才更能體會生活中點點滴滴的幸福，也才會加倍珍惜用汗水換來的每一點進步和成功。

5 不要期望別人改變你的生活

女人是脆弱的動物，她們更需要保護，更需要被照顧，她們總是渴望有一個更強大的人來改變自己並不是十分如意的生活。但越是美好的願望就越容易落空，在她們期望自己的生活可以被人改變得更幸福的時候，等來的卻往往是傷害。

憔悴的女子知道對方是一個牧師，於是開始向他訴說自己的不幸命運。

「從剛開始，我就知道自己這輩子不會有好運氣的。」女子說。

「你如何得知的呢？」牧師問。

女子說：「我小的時候，因為沒有爸爸，所以一直和媽媽過著艱苦的生活。後來媽媽改嫁，我希望新爸爸可以改變我原來的生活，但他對我和媽媽並不好。後來長大了，我嫁給了一個長得很醜的老男人，我以為，一個長相醜陋的人，應該多一些愛心，該對我好。但他卻是一個酒鬼，我的生活依然這樣糟糕。現在，我已經沒有希望了！」

「你為什麼要期望別人改變你的生活呢？你不相信自己可以改變自己的命運嗎？」牧師說，「不是因為你身邊的人不能給你帶來好生活，而是你不應該把決定自己如何生活的權利交到別人的手上。」

沒錯，好命的機會對每個女人都是平等的，但是，不幸的降臨，猶如一面鏡子，可以照出一個人思想意志的堅定或者脆弱，可以產生兩種不同的結果。懂得命運掌握在自己手中的女人，會同不幸抗爭，會減輕不幸帶來的痛苦，會把不幸降到最小限度。相反，等待別人來改變自己處境的女人，只會被動的屈從不幸，只能成為不幸的階下囚，被不幸吞噬掉。

愛玲剛剛二十歲的時候就結婚了，原因只是她無父無母，希望儘早找個人可以依靠。婚後一年，愛玲生了一個男孩，以為自己的一生就可以從此在丈夫的庇護下平靜的度過了。但天不遂人願，僅僅兩年後，愛玲的丈夫得病去世了。

剩下愛玲一個女人帶著孩子，生活再次陷入窘境。無奈之下，愛玲決定給孩子找個新爸爸。經人介紹，愛玲又嫁給了一個憨憨的「老實男人」。這個男人對愛玲的兒子特別好，真的幾乎可以達到視如己出。愛玲很欣慰，覺得終於可以給一直沒有享受到父愛的兒子一個交代了，自己也可以有一個依靠了。

結婚之初，他告訴愛玲，自己每月賺兩萬多塊錢，除了留下基本的生活費，剩下的都給前妻和孩子了，所以交到愛玲手上的錢就所剩無幾了，但愛玲不在乎，她覺得錢夠一家人用的就可以了。

直到有一天愛玲覺得男人行跡越來越奇怪，仔細探究、追問才知道，所有的這一切都是謊言，他根本沒有工作，更別說什麼錢和房子了。而且，他還整天的泡在網咖裏不回家！剛結婚不久，他就欠下巨額賭債逃走了。

愛玲絕望了，她不知道自己還能依靠誰，她甚至想到了去死，但回頭看看年幼的兒子，她又改變了想法。愛玲擦乾眼淚，發誓不再靠任何人，只靠自己的一雙手來把兒子養大。

第二天，愛玲就開始四處找工作，幾經周折，終於在一家大酒店找到了清潔的工作，雖然工資微薄，但愛玲還是盡心盡力的幹了起來。轉眼五年過去了，愛玲通過自己的努力變成了這家大酒店的營運經理。

愛玲從一個清潔員做到營運經理，其中的辛苦和磨難自是不用多說。每當她遇到困難時，她就會告誡自己，別以為自己是女人就可以依靠別人來改變自己的生活，找各種理由來逃避現實是無濟於事的，只有堅持到底才是真正的女人。正是因為這樣，我們才能看到今天成功的她。

愛玲之所以有今天的成功，原因就是她從來都沒把自己當成是一個弱女子，一個需要社會和其他人來袒護的女人。她站在和男人一樣的出發點，一路走來從不言棄。正是這種不依靠別人來改變自己生活的勇氣，成就了她不平凡的人生道路。

女人雖然在生理上比男人弱，但依然不能期望別人來改變自己的生活，這種被動的等待，只會讓你的人生軌跡變得一團糟。女人也可以是在商界意氣風發的精英；女人也可以是在政壇氣質高雅的政界要人；女人也可以是在軍營英姿颯爽的巾幗英豪……任何一種社會角色女人都能扮演，那還有什麼依靠別人才能生活的理由呢？

女人能撐半邊天，更能決定自己的命運。女人要自強自立，不能依附男人，不管是在經濟上還是在精神上要有和男人平分秋色的霸心。既要承擔一半的家庭經濟開銷，還要承擔起照顧老人、教育孩子的責任；不僅掌握著自己的人生軌跡，還左右著別人的生活形式，這樣的女人，才是新時代活出真我、活出手姿的精彩女人！

6 不要把婚姻交給命運

按照傳統的觀點，女人的婚姻就是命運的產物，上天注定的緣分、父母的意願、媒人的介紹，總是成為女人輕易把自己交托出去的藉口。但時代發展到了今天，女人再不是能被命運操縱的弱者了。無論是愛情還是婚姻，女人都要自主選擇，再不會把婚姻交給命運來主宰了。

我們都知道，沒有哪個女人想嫁給一個一無是處的男人。但奇怪的是，很多女人對擇偶的首選條件都裝作不關心。似乎把考慮男人的條件當作結婚的前提，會讓她們產生罪惡感。

就像我們總是能聽到已婚的女人說「我做夢都沒有想到會嫁給這個人」一樣，很多女人並不是沒有能力和命運抗爭，而是沒有自我意識，輕易的就接受了命運的安排，即使這個安排是會讓自己的命運朝著與之相反的方向發展！

子悅是大學裏的校花，本來條件優越的子悅決心要嫁給一個經濟實力和個人能力都不錯的男人。但是，她首先遇到了一個對她有好感的男人。那個男人工作普通，薪水不高，但是子悅覺得和他交往總比沒有戀人好，所以就開始約會了。

隨著見面的次數增多，兩人之間也慢慢產生了感情。「沒錯，條件也不是那麼重要，我的幸福才是最重要的。錢財是身外之物，該來時就來，該結束時就結束。只要兩個人一起共同努力，一定可以得到幸福的。」因此，子悅草率地嫁給了一個自己不怎麼滿意的人。從此與自己設想的生活完全背離。

五年後，子悅終於忍受不了貧寒的生活而結束了自己的婚姻。但此時的子悅已經被生活的壓力和庸俗的丈夫改變的面目全非，再不是當年那個人見人愛的美麗女孩了。

實際上，有很多女人和子悅一樣，對愛情沒有更美好的追求，反而輕易的就把婚姻的抉擇權交給了命運。殊不知，這種「愛上誰是誰的」的作風，實在是讓無數的女人跳進了火坑。

小芸在大學的時候有一個很要好的女同學叫小萍，回想起當年兩個人的同窗生活，小芸不禁感慨良多。

那時候，小芸和小萍在學校住在上下鋪，後來又一起合租了一間小屋子，兩個人同睡在一張大床上，休息時一起躺在沙發上喝紅酒、聊人生。花樣年華的兩個人都對未來充滿了期待。但小萍的一段錯誤的戀情卻成了讓她與小芸擁有截然不同的人生的轉捩點。

小芸怎麼也沒有想到，小萍會結交一位大她十三歲的男朋友。而且，那個「大男人」既沒有出眾的外表，也沒有很高的文化素養，只是一個普通的不能再普通的人。

其實，像小芸她們這樣年輕的女孩，是很搶手的啊。但小萍卻無論如何也不肯聽別人勸阻，固執的認為真愛來了。

小萍對小芸說：「我們相識是命中注定的：那是在一個落日餘暉的傍晚，我在海邊散步，他從對面走來，目不轉睛地盯著我，我也盯著他，那一瞬間，我就覺得好熟悉、好親切。現在，我更確定了他就是我的緣分！」

讓小芸想不到的是，小萍還不理智的做出傻事：大學還沒畢業就不小心懷了他的孩子，事已至此，小萍甚至不顧家人的反對，悄悄的和他辦了結婚登記，連最基本的結婚照和一個簡單的婚禮都沒辦過，就這樣黯然地消失在同學們的世界裏。

就在前不久，小芸終於再次得到了關於小萍的消息，但卻是壞消息：小萍婚後生了一個女兒，和丈夫的生活一直很困難，她為這個家庭付出了太多太多，但終究沒能改變命運的走向——丈夫在外面有了別的女人，她無法原諒，於是離婚了。女兒由婆婆來照顧，小萍一個人隻身過活，在酒店裏打工，而且她每天都在深深的想念著女兒。

知道了這一切以後，小芸心裏不禁一陣酸楚。如果小萍沒有嫁給那個與她並不相配的男人，也許她也會在一家不錯的公司工作，有著自己寬敞的辦公室，和一份讓人羨慕的收入。或許也已經嫁人，做一位闊氣的全職太太，開著車子往返於美容院和商場之間。但現在這些，都只能是如果而已。

歌德說：婚姻雖不是我們全部，但卻是我們生活的重要組成部分。它直接影響並決定著我們後半生的走勢。對於女人，婚姻的意義則更是如此。所以，千萬不要再輕易的把婚姻的抉擇權交到命運的手上了，那是對自己的不負責任！

7 能夠救你的只有一個人，那就是你自己

莎士比亞曾說過這樣一句話：「弱者，你的名字是女人。」在相當長的一段時間裏，這句話不僅為社會所公認，也為女性自己所標榜，依附別人便成了二十幾歲的女人的藉口。但是聰明的女人明白，沒有人能夠拯救自己，關鍵時刻只能靠自己。

小瓊是一家品牌公司下屬的代理公司的銷售，在小瓊看來，生意上遇到強勁、精明的競爭對手，是用錢都買不到的「好事」。就是因為有著腳踏實地競爭的理念，她的業績非常優秀。

隨後她被吸收到了品牌公司做銷售總監助理，職業生涯的這個變化，在別人看來，她撿了個肥缺，可以享清福了，可是事情進展得並不很順利。

沒多久，公司進行結構大調整，使公司裏人心惶惶，老員工開始很明顯地排擠她，甚至對她這位代理商出身的總監助理不屑一顧。

同時，由於職場角色的轉換，原來和她同一戰線的代理商們之間的關係也在發生著變化，有的人有目的地接近她，有的人有戒心地疏遠她。她做得最多的工作，就是要協助銷售總監處理很多棘手的問題，沒有人向她伸出援助之手。

她周旋在各種複雜的人事關係中，變得憔悴不堪。同情她的朋友勸她，還是幹代理商算了，至少可以用業績説話，不用看那麼多人的臉色。

小瓊卻決定堅持下來，她説，我看過的一本書上寫著，職場如戰場，大戰來臨，關鍵時刻還要靠自己。只要在混亂的環境裏保持自己的清醒，一定會得到很好的鍛煉，這麼難得的機會我怎麼能夠放棄？她很聰明地應對著每天可能發生的各種難題，一點一滴地積累著工作經驗，就這樣，她不僅安全地度過了公司高層頻繁換人的危險期，而且因為工作出色，被公司總部推薦到了國外分公司做銷售總監。迅速成長的小瓊，做了那隻獒群中擁有最鋒利牙齒的獒。

面對世界的瞬息變幻，作為女人不能感到無所適從，每個女人都必須從這變化中找出適合自己生存的空間，不要讓「弱者」的思想定位纏繞著自己。

事實上，年輕女人的發展空間很大，我們完全可以發揮自己的能力、意志，用我們的智慧，開拓出一片自由展翅的空間，擁有一份屬於自己的事業，儘管很辛苦，有時候還會因失敗而沮喪，但是這些卻讓我們的生活更加豐富、多彩。

特別是在家庭中，女人發揮的作用比男人更為重要，相夫教子，侍候公婆。

人們常說：「一個成功男人的背後必定有著一位偉大的女性。」

「男人好比種子，女人好比土壤，沒有女人肥沃的土壤，再好的種子也不會長出豐碩的果實。」這就足以看到女人對於男人的作用是多麼強大，而子女成才也與母親的教養有著不可分割的關係。

在事業上，女性的形象也發生了翻天覆地的變化。在現代社會裏，男人能做的事，女人也可以做到。我們不是要求每個女人都成為女強人，但是至少要做一個堅強的女人。

一個自卑的女人，一個悲觀的女人，一個遇到一點挫折就要死要活的女人是不會有多大作為的，更不會是一個優雅的女人。這樣的女人在關鍵的時刻拯救不了自己。

誠然，女人的路很坎坷，很艱辛，很無助，在職場與男人競爭也會感到迷惘，世俗的偏見、家庭、社會各方面的壓力以及性別等都是女性求職的不利因素，而那些事業成功的女強人們都曾付出了昂貴的代價，往往是以犧牲愛情與家庭來換取的，鮮花與掌聲的背後是無盡的淚水與血汗。

正因為這樣，作為一個女人更應該學會堅強，應當自尊、自重、自強，相信路就在腳下，不要寄希望於別人，要鼓起勇氣，永不放棄，走出自己的一片天。

二十幾歲的女人請記住：

不要把自己當作金枝玉葉，更不要把自己當作奴僕。雖然世俗的力量不可低估，雖然社會賦予你的角色太不起眼，雖然你肩上的擔子很沉很沉，雖然你有太多的責任太多的義務，但如果你不想一輩子都庸庸碌碌，就必須先讓自己堅強起來，關鍵時刻，只有自己能拯救自己。

無論遇到什麼事情，都要鼓起勇氣勇往直前，不能退縮，不能逃避，更不能倒下。這樣的你，才能主宰自己的命運。

第四章

如果不夠漂亮，就用自信來彌補

為自己是女人感到驕傲
有了公主的自信，就能像公主一樣幸福
不必太在乎別人的眼光，何必非得和別人一樣
其實，你比自己想像的要優秀
永遠不要貶低自己，也不要允許別人這麼做
沒長相、沒身材，照樣嫁個好男人
為不漂亮而慶幸
這個世界上只有一個你，所以你就是最棒的

1 為自己是女人感到驕傲

不要撅著嘴說：「哼，老天就是偏心，男人可以穿著破襯衫腳踩拖鞋裝酷，可以在露天的大排檔邊啃花生、喝啤酒、耍瀟灑，丟三落四也不會遭到斥責。更讓人生氣的是，他們每每以不是處男而自豪驕傲，有了肌膚之親不必擔心害怕……女孩能嗎？」

為什麼只看到這一丁點不同？古老的童謠唱道：「女人是用糖、香料和一切美好的東西做成的；男人是用剪刀、青蛙和小狗尾巴做成的。」

寶玉說，女子是水做的，男子是泥做的，女人與男人最大的不同就是女人比男人美麗妖嬈，遠看賞心悅目，近了總能觸動我們內心最柔軟的地方。

不要再相信隨著歲月的累積「女人會貶值，男人會增值」「女人是天生的弱勢群體」之類的鬼話。也不要哭喪著臉說：「我可沒有黛玉的才氣，也沒有寶釵的內斂，更沒有福氣遇到寶玉這樣肯把自己捧在手心的男人。」

當你有了性別概念，知道自己是女人的時候，就應該為自己是女人而驕傲。然後，去學習、把握和享用女人的各種特權。

讀書的時候，男孩女孩上課偷偷說話，受老師批評的多半都是男孩。

上帝會原諒女人的眼淚，心情不好的時候，女人可以毫無顧忌的大哭一場，而不會像男人那樣「難為情」。

女人生來就是要被人疼的，被人寵的！所以，戀愛的時候，女人就應該被男人追，男人就是應該去追女人。

女人即便長相再普通，化上妝，穿上婚紗，一點也不比電視、電影裏的女明星差。每個女人都是永遠的公主，不管男人是國王、王子、騎士，還是士兵。

女人，儘管已經不再是個小孩子，還可以在父母身邊撒撒嬌。而即便是到了六十歲，也仍然有權利在他面前撒嬌邀寵。

女人，就算不是美女，也會有禮貌的男士為你打開車門，讓先你進電梯，像尊重公主一樣尊重你。

女人總是擁有很多美麗的稱呼：有知識的叫「才女」，文靜內向的叫「淑女」，潑辣的叫「辣妹」；矮小一點叫「嬌小」，胖一點叫「豐滿」；家境普通的叫「小家碧玉」，家境殷實的叫「大家閨秀」。

男人從小就被打上男子漢的標籤，他們的野心就是去征服全世界，他們注定要比女人付出得更多，活得更辛苦。而女人則只需在旁邊誇獎他，讚美他，甚至使點小性子，耍點小脾氣，就能讓他乖乖的拜倒在石榴裙下，這樣，全世界就都在自己手裏了。

對於生活，男人沒得選擇，理所當然要挑起重擔，負起責任。而是去社會上拼搏，還是在家中享受安逸，女人則有更大的選擇自由。

男人要想在職場上得寵，步步高升，只能靠本事、能力，硬拼、硬上，想要得到十分，就得付出十二分。而女人卻常常因為外貌漂亮一點，嘴巴甜一點，善解人意一點，細心一點而少勞多獲。

還有一點是最關鍵的，這個世界的男女比例是一點零四比一，女人永遠比男人少，結論是：女人永遠比男人珍貴！

每個女人都是天使，都是上帝賜予世間的尤物。冰心說過，「這世界若無女性，便會失去十分之五的真，十分之六的善和十分之七的美。」也有人說：「如果地球上沒有花，那麼這個世界將失去十分之七的豔，十分之六的麗，十分之五的美。」女人就是花，一朵芬芳四溢的花，一朵妖嬈多姿的花，那一朵朵盛開的笑容，就如同一幅永不褪色的風景畫，將世界點綴得異彩紛呈。

為自己身為女人而感到驕傲吧，女人就像千姿百態的花，無論是哪一朵，都有專屬於她自己芬芳和嬌豔！

2 有了公主的自信，就能像公主一樣幸福

站在鏡子面前的你，是否總是對自己不太滿意？皮膚不夠白皙，眼睛不夠迷人，鼻子太塌，小腿太粗……於是你無數次在夢中想像，自己要是像公主那樣美麗、動人，能夠集萬千寵愛於一身就好了。醒醒吧女人們！為什麼要在夢裏才敢把自己想成公主？在現實生活中，每個女人都是公主，只要你擁有公主的自信。

小薇從小就被同學排斥，因為大家都認為她長得不好看，所以做什麼都不願意和她一起。

時間久了，小薇似乎也習慣了醜小鴨的生活，她不像其他女生那樣

愛漂亮，出門總是會打扮得像公主一樣，小薇從不對自己的打扮上心，衣服髒了也不換，頭髮亂了也不管。甚至連反應都變得有些遲鈍。

父母覺得小薇不像一個正常的女孩子，懷疑她是不是心理有問題，於是就帶著小薇去看心理醫生。醫生見到小薇，確實被小女生的邋遢所驚訝，當醫生問過幾個簡單的問題後，就讓小薇的父母先出去，想和小薇單獨談談。

父母出去了，心理醫生微笑著問小薇：「難道沒有人告訴過你，你長得很漂亮嗎？」

小薇一臉詫異地連連搖頭。

「你知道嗎？你有一雙非常漂亮的眼睛，它很黑很亮，雖然不算大，但很多女孩子都沒有你的眼睛這麼炯炯有神呢！還有，你的鼻子和你的嘴都很漂亮。」

小薇不敢相信地望著醫生。

「你不相信是嗎？回家照照鏡子你就知道了。而且，你可以問你的父母，他們也一定會告訴你，你是一個漂亮的女孩。」醫生語氣肯定地說道。

「真的嗎？」小薇眼神中露出了光彩。

「真的，醫生的話都不相信了嗎？」

「謝謝你！」小薇高興地走出了房間，從那天起，小薇開始注重自己的打扮了。她會要求媽媽給自己紮上紅絲帶了，會想穿公主裙了，她每時每刻都會流露出甜美的微笑。長大後的小薇充滿自信，她通過嚴格的訓練和考試，成為了一名空中小姐。

世界上沒有十全十美的人，每個女生都有她們的不足，可以這樣說，每個女生都是局部的醜小鴨。但是只要她們有把自己當成公主的自信，那麼醜小鴨的部分也會因此而亮麗起來。

無論你是貧窮也好，富貴也罷；無論你是漂亮也好，平凡也罷，我們都要做自信的公主，即使沒有人為你喝彩，但是要堅信，自己可以給自己幸福。

自信的公主會擁有誘人的氣質和難以抵擋的魅力。女人即便是有

「沉魚落雁之容、閉月羞花之貌」，如果沒有內涵，喪失自信，那麼就可能會「金玉其外、敗絮其中」的。而且，容貌是女人人生中一個最不長久的「夥伴」，它會在你不知不覺的時候跟著「歲月老人」去「私奔」，全然不顧你的內心感受；而沉澱在心中的內涵，會通過自信，把你全部的美麗毫無保留地完全綻放出來，這樣的美麗絕不會受到歲月的侵蝕。

宋氏姐妹們的獨特魅力，那就是充分的自信散發出來的光輝。即便是百歲之時，仍舊是風韻猶在，依然像公主一樣魅力四射，那種美麗不是溫柔，那種美麗不是漂亮，那種美麗不是可愛，那種美麗也不是清純。那種優雅的、自信的、有韻致的美就是公主的美。

作為一個女人，如果沒有自信，只能脆弱地活著；反過來講，因為信心的力量是驚人的，它可以改變惡劣的現狀，形成令人難以相信的圓滿結局。充滿信心的女人就像一個高貴的公主，不會俯首聽從命運的安排，她們總能以驚人的信心去扭轉命運，讓命運反過來俯首稱臣。

我們可以長得不漂亮，我們可以地位不高貴，我們可以生活不富裕，我們可以學識不淵博……但是，我們不能失去自信。因為，我們有充分的理由可以自信：我們不漂亮但我們健康；我們不高貴但我們快樂；我們不富裕但我們知足；我們的學識不淵博，但我們一直沒有放棄努力……

我們都是自己的公主，要時刻向眾人展露出自信的笑容，即使我們將來變老了，變成了一個優雅的「老公主」，依然要充滿自信幸福的生活著。

蘇菲亞．羅蘭曾說過：「一個缺乏自信心的女人永遠也不會有吸引人的美。」沒有一種力量能比對美的自信更能使女人顯得美麗。自信打造女人的傑出魅力，擁有充足自信的女人，無論在哪，都是那樣的光彩照人。她們的身上輻射出一種強大的磁力，不知不覺中就吸引著眾人凝聚在她們身邊。

3 不必太在乎別人的眼光，何必非得和別人一樣

人與人都不相同，這就注定每個人的人生都將是千差萬別的。也正是因為這些差別，世界才顯得多彩而絢麗。但總是有些女人十分在意別人的評價，用別人的「尺度」來衡量自己，於是，難免變得不自信。

比如你聽說最近流行雙眼皮，就覺得丹鳳眼的自己醜陋無比，於是想通過整容讓自己看起來更漂亮一些；看到身邊好多人都在忙著出國進修，你雖然工作不錯，但還是覺得學歷低會讓人瞧不起，於是你放棄了工作，奮不顧身地加入了「留學生」的行列……

而你從來沒有想過，雙眼皮到底適不適合你，留學對你來說到底是不是最好的選擇。你只是一味地希望自己符合別人的眼光和要求，如果

你的嘗試成功了還好，一旦失敗了，就會嚴重挫傷你的積極性，變得越來越自卑。

這都是因為我們接受了「我應該像某某人」的觀念或「我應像其他每一個人」的錯誤觀念。

事實上，並沒有適合每一個人的通用標準，也沒有哪個標準是可以得到所有人的喜歡和贊同的。即使你再努力地去改變自己，也難免遭到一部分人的否定。

傳說有一隻兔子長了三隻耳朵，因而在同伴中備受嘲諷戲弄，大家都說她是怪物，不肯跟她玩。為此，三耳兔很悲傷，經常暗自哭泣。

有一天，她終於作了決定，把那一隻多出來的耳朵忍痛割掉了，於是，她就和大家一模一樣，也不再遭受排擠，她感到快樂極了。

時隔不久，她因為遊玩而進了另一座森林。天啊！那邊的兔子竟然全部都是三隻耳朵，跟她以前一樣！

但由於她已割掉了一隻耳朵，成了兩隻耳朵的兔子，所以，這座森林裏的兔子們也嫌棄她，不理她，她只好快快地離開了。

每個人都有各自的特點，也有各自的長處，根本沒必要太在意別人的眼光。如果僅是為了要迎合別人而努力改變，只會使錯誤更加嚴重。因為，你總在做自己不擅長或者不喜歡的事情，完全失去了自我。

猶如每一片雪花都有不同一樣，你不必與別人比較高下，因為地球上沒有人和你一樣。你是一個人，你是獨一無二的，你不「像」任何一個人，也無法變得「像」某一個人。

下意識地跟在別人後面，也許不會遭致非議，但這究竟是不是你想要的？你真正的想法是什麼？不管別人奔向哪裡，你都應該先在原地坐下來，冷靜坦然地審視自己，確定自己人生的方向，找到那個真正屬於自己的幸福指引之後再動身。

不管是面孔精緻還是平實自然，是身材高挑還是小巧玲瓏，是性格潑辣還是溫柔如水，在這個世界上，你就是唯一，是獨一無二的，你應該為這一點而感到驕傲和自豪，也應該尊重和利用大自然所賦予你的一切，去盡情的唱自己的歌，畫自己的畫，創造自己的小花園。在歲月的河流裏擺渡、歡笑、痛苦，記住，生活本來就屬於你自己，美麗也屬於你自己！

所以，每一個女人都沒必要總活在別人的評價和標準中，只要你自信地為自己而活，你就是那朵最別致、也最漂亮的花。

在每個女人心底，都有那麼一點虛榮心，都想得到別人的讚賞和認可。為了得到這種讚賞和認可，她們往往會去迎合別人，從大眾心理出發去做事情。

一味從眾的女人是可悲的，她們根本不知道該怎樣去愛自己，總是在猶豫不定中度過每一天。而且，真正的麻煩會隨著事事必須請示他人而來。這種狀態會給你帶來許多痛苦和挫折，讓你越來越沒有信心。你會感到自己的自我形象是軟弱無力的，是沒有社會地位的。

就像世界上沒有完全相同的兩片樹葉一樣，生活中也不可能有完全相同的兩個人，這正是大自然的奇妙所在。既然如此，何必非得要求自己時時處處都和別人一樣呢？那樣的你還是具有魅力的自己嗎？

千萬不要為了任何人的引導，而泯滅了自我的生活方式，想要出類拔萃，你就得做個獨具個性和風采的女子。

4 其實，你比自己想像的要優秀

最優秀的女人並不一定樣樣都比別人強，而是她們對自己已有的一切優點都很滿意，她們相信自己是優秀的，於是她們就真的變成最優秀的了。

也就是說，女人的成功，並不取決於她是否美麗，是否聰慧，而是取決於一種生活態度，只要她相信自己足夠優秀，她就可以比想像中更優秀，從而更加的卓然於世！

每一個女人都比自己想像中要優秀，所以如果在生活中遇到了困難，就應該給自己積極的心理暗示：別怕，我就是最棒的！憑著這種心理暗示法，你就能闖過一個又一個的難關。再也沒有什麼能讓你的命運變得不幸和曲折。

這種優秀而又自信的女人，她們既有迷人的風韻，又有驚人的魄力。對這樣的女人而言，人生不是等待而是創造，命運從來都掌握在自己手中。

所謂十拿九穩的事情，往往是獲得回報最少的事情。沒有把握的事情也是值得女人去做的。因為你永遠比你自己想像的還要優秀，大膽的去做，沒把握的事就會變成有把握的事。

其實，是否相信自己比想像中還優秀，這就是一個心態問題，而事實上，女人有什麼樣的心態，就會有什麼樣的生活和命運。那麼，女人何不自信一點，成全自己的美麗人生呢？

5 永遠不要貶低自己，也不要允許別人這麼做

或許你容貌不出眾，個頭有些矮，既沒有楊柳細腰，也沒有修長的美腿。那麼，也請不要貶低自己，如果你自己都瞧不起自己，還會有誰瞧得起你呢？

小莉在讀書的時候是一個完全沒有自信的女孩，大學剛畢業沒幾天，她就和一個又醜又老的男人生活在了一起。

有同學問她，為什麼輕易把自己的心和身體交給一個這樣一無是處的男人？

小莉一時間低頭不語，後來她解釋說自己條件不好，不漂亮也不聰

明，只有這個男人願意接受自己，能跟著他就已經很滿足了。

就在同學們都為小莉感到可惜的時候，卻又傳來了這個老男人原來已經結過婚的消息。小莉一時間悲憤交加，但卻還是因為自卑，連去向對方討個公道的勇氣都沒有。

而且從此之後，小莉更加不敢在人前抬頭了，很快就在同學們的視線裏消失了。很多年後，才有人聽說小莉原來是到一個條件很不好的鄉下去教書了。更遺憾的是，因為自卑，小莉從來不跟同學們聯繫，所以她永遠也不會知道，她的一個男同學一直暗戀著她！

缺乏自信的女人總以為自己的地位太低微，別人所有的種種幸福是不屬於自己的，她們是不配享有的；以為生活中的一切快樂和美好的東西，都是留給一些命運的寵兒來享受的，她們是無權獲得的。因為沒有自信，所以她們心甘情願受苦，消極地接受一切所謂命運的安排，甚至自暴自棄。

女人的命運本來不應該是這樣不幸的，但恰恰是因為沒有自信，而讓自己與「好命」擦肩而過。

自信的女人看上去總是光彩照人，你不僅要杜絕自我貶低，也要提防來自別人的輪番打擊。自尊也是你該遵守的本色，別讓別人的嘲弄磨滅了你的信心。

小慧性格溫柔，比較內向，而小雪則是個十分開朗而且很有交際能力的女孩，剛進公司不久，兩個人就成了好朋友。

但是沒過幾天，小慧發現小雪總愛拿自己來開玩笑。哪怕只是買了一件衣服，小雪都會說：「天哪，這是你買的衣服啊？怎麼買這種款式的啊！太舊了，還不如多花一點錢買當季的呢！」這讓小慧的自尊心受到了嚴重的傷害。每當跟小雪在一起時，小慧的心情就會莫名其妙地低落。但小雪的話聽上去都像是在開玩笑，所以小慧也不好意思跟她發脾氣。

就這樣過了幾個月後，小慧的生活出現了可怕的變化。只要一照鏡子，就會覺得自己的臉特別醜陋，甚至連自己都厭惡自己的容貌，因此經常感到孤獨，且經常莫名地悲傷起來。無論她做什麼事情都沒有信心，就這樣，小慧一直沒有找到男朋友，工作也變得一團糟。

一天，當小雪再一次貶低小慧的時候，她終於忍無可忍地做出了反駁，兩個人為此大吵了一架。此後，她們連續好幾周都沒有說話。但奇怪的是，在離開小雪的這段時間裏，小慧居然覺得輕鬆了不少，長久以來的心理壓力都消失無蹤了。

這時，小慧才明白，原來小雪經常對自己所講的那些玩笑話，和朋友之間的坦誠交往毫無關聯，而是在一點一點地腐蝕自己的自信。

生活裏，很多時候，你也會遇到諸如小雪一樣的人，她們表面上看起來沒有什麼異常，而且善於社交，能給人留下深刻的印象，因此經常在朋友們的聚會中充當召集者。但她們有喜歡貶低別人的毛病，時常有意無意去傷害一些能忍的單純女人，並從中獲得明顯的優越感和快感。

你則會在這樣一次次的貶低中，自信被不知不覺的啃食吞噬，漸漸地不再相信自己的美好。

俗話說：「忠言逆耳利於行。」但這種規勸別人的真心話，和攻擊性的語言有明顯的區別。我們都不是笨蛋，也不缺乏分辨忠言和貶低的判斷力。那些存心打擊我們的人，無論對方用多麼親熱的表情和絢麗的玩笑去偽裝，我們都應該堅決地與其劃清界線。

如果別人的話或行為傷害了自己的感情，而且不只一次重複出現，這就說明了對方對你沒有好感，更談不上什麼真誠對待。那麼就不要思前顧後的為了給對方留面子而一再忍讓了，你的仁慈只會害了自己。

所以，還是多為自己想想吧。被別人貶低的次數愈多，心中的自信就會越來越少。這不但不會提高你的忍受能力，反而會讓你逐漸迷失自我。

如果遇到貶低自己的人，你就應該像被打撈到的魚一樣拼命掙扎、跳躍、擺脫束縛，據理力爭才算得上自愛。無論何時，你都該拋棄心中一切洩氣的想法，相信自己是最好的。

6 沒長相、沒身材，照樣嫁個好男人

在這個美女遍及的時代，在這個崇尚身材妖嬈、臉龐精緻的時代，你是否為了自己不夠完美，或者達不到某些所謂的美女標準而感到自卑，繼而覺得要嫁個好男人需要相當的運氣，甚至是一種奢望？

其實，事實並非如此。可以嫁到好老公的女人，不一定都有多麼出色的外表。有些人長得不漂亮，甚至還有些微胖，卻依舊能贏得王子的心。

其實，這並不是電影裏才有的故事。

小雅可是出了名的醜女，不僅有一副齙牙、寬額頭的抱歉長相，而且個子矮小，身高僅僅一百四十幾公分。本來，所有人都為她的婚姻而擔心，認為她只能找一個和自己條件相當的醜男人了，可誰也沒有想到，她竟然嫁了一個身高一八〇，相貌端正，氣度不凡的帥哥老公大偉。

更讓人覺得這兩個人不應該結合的是，相貌不匹配也就算了，就連內在也不匹配：小雅專科畢業，在一家公司做助理，實際上就是雜工，發展空間非常有限；大偉本科出身，是小雅所在公司的部門主任，而且專業技能過人，可謂前途無量。

那麼，這個「恐龍妹」是憑什麼嫁給了這樣一個優秀的帥哥的呢？

多年前，小雅剛被分到大偉所在的部門的時候。工作馬馬虎虎，但活潑好動，樂於助人，和同事們的關係處得很好。

當時，廿八歲的大偉已經是部門主任了，正為戀愛問題發愁。父母給他介紹了好幾個對象，他都不滿意。小雅見狀十分著急：主任條件這麼好，怎麼會找不到好對象！於是，她緊急發動自己的親戚、朋友，熱心地幫大偉張羅對象。誰想一來二去，大偉沒看上別人，倒看上她了！

有人問大偉當年怎麼會看上了這個並不出眾的紅娘時，大偉含情脈脈的回想：

「她長得不美，可是熱情、善良、熱愛生活。別的女孩見了我都臉紅，扭扭捏捏不敢說話，弄得我很局促。可她一見了我，就東拉西扯的說個不停，逗得我也很開心。而且，現在的女孩子哪還有會做家務的，可她老在私底下打毛衣，還邊打邊笑，一看就是個會過日子的人。」於是，大偉就動了要娶她進門的心。

婚後，兩人夫唱婦隨，十分和諧。小雅把家裏收拾得溫馨潔淨，大偉十分滿意。

誰說女人一定要長得漂亮才算好？一個相貌平平的女人一樣可以成為一個好太太。如果哪個女人還認為「醜女」對於追求好男人來說，是完全沒有競爭力的一群，那你就錯了。

正所謂「好男配醜女，懶漢娶花枝」，婚姻這檔子事，絕不能以長相的美醜下結論。那些優秀帥氣的男人，什麼樣的美女沒有見識過，或許他們早已對虛有其表的「花瓶」心生厭倦了。能打動他們的往往是那些賢慧、懂事的女人。

可見，並不是只有美女才有資格嫁個好老公，相貌醜陋並不代表內心一無是處。只要你足夠自信，不放棄對自己和生活的熱情，一樣可以把日子過的風生水起。這就是為什麼會有越來越多的好男人會選擇那些外表普通，但內心豐富的女人最為人生伴侶的原因！

即使你長相平庸、身材一般，也不要對自己失去了信心。只要能夠大膽地昂起頭來，積極向上地去追求幸福，面對生活，你就已經具備了做一個好女人的內在因素，嫁個好老公自然也就成了水到渠成之事。

7 為不漂亮而慶幸

很多女人因為長得不漂亮，埋怨父母，埋怨上帝。其實上天給我們每一個人的待遇，都是平等的。有了這方面的不足，必然有另一方面的彌補。

女人長得美不美，只不過是一種表象，內在才是左右你一生命運的關鍵。所以，當漂亮女孩為自己長得漂亮而慶幸的時候，相貌平平的女孩們，也請為自己的不漂亮而慶幸吧！

當然，女人長得不漂亮，的確會比漂亮的女人少很多機會，易於受人冷淡，遭到鄙視，心情會孤寂等困擾。但是，從長遠來看，更多不漂亮的女人反而取得了成功，站在了比漂亮女孩更炫目的舞臺上，使人刮目相看，這是因為她們通過內心的豐盈彌補了外在的缺憾。比如，她們更注重智慧投資，更加刻苦努力，從而提升了除外貌以外其他方面的價值和能力。

所以，漂亮女人在為自己的漂亮慶幸的時候，不漂亮的女人也完全可以為自己的不漂亮而慶幸。

不漂亮，使得你免受異性干擾，浪費在鏡子前的時間也少，從而有了更多的時間和精力來投資自己。

對於漂亮女人，男人更容易看上她的外表，一旦看膩了就不會再有好感。何況女人的容貌只是暫時的，即便是美若天仙，早晚也不免會被歲月弄得面目全非。

對於不漂亮的女人遇到的男人不光是看到她的外表，更愛她內心的豐盈。而內心的豐盈不僅不會隨著歲月而逝去或者減少，反而會隨著歲月褶痕的加深而愈加濃郁和芬芳。

也許，這樣的話對正在遭受愛情挫折，甚至大家歧視的不漂亮女孩來說，未免有點淺薄和蒼白，因為現實生活中，那些漂亮的女孩總是能夠獲得更多男孩的青睞和喜歡。例如，這個世界從某種角度上講是屬於英雄美人的，自古以來，名利江山都屬於才氣過人的英雄；圓滿或淒慘的愛情故事也由英雄美人來演繹，即使男主角不是所謂的英雄，女主角也必定美麗。

所以，不漂亮的女孩，重要的不是拿那些所謂的外在美不重要之類的話來欺騙或麻痹自己，重要的是要調整自己的心態，把自卑化作前進的力量，因為這個世界上有更多更重要的事情值得你去做和追求，與其整日沉浸在自卑的低谷中折磨自己，不如振作精神去做更有意義的事情。

當你通過自己的努力獲得了別人的認可，你就會變得真正自信，而這無形中也會成為別人欣賞你的資本。

有人說，在這個世界上，漂亮的女人總是更容易成功，這話也許不假，但是，外表美並不是女人成功的唯一通行證。如果你沒有漂亮的外貌，也一樣能取得成功，只要你用心去努力。

當一對美女帥哥結為夫妻的時候，人們都很羨慕，因為大家以為他們的孩子也一定是一個金童或者玉女，可是他們的女兒小花卻偏偏遺傳了父母的隱性基因，長得一點也不漂亮，個子也只有一百五十公分。於是，小花從小就習慣了別人見到她說的第一句話：「喲，這個小女孩長得怎麼一點也不像她的爸爸媽媽啊！」

但是小花並沒有因此而一蹶不振，反而更加的發奮努力，在別的女孩情竇初開之時，她毫無干擾地升上了大學，在別的女孩忙著戀愛的時候，她又考上了研究所。

後來，她創立了自己的公司。不久，她接待了她的第一個大客户。那是一個外國人，一見小花，就露出一副大失所望的神情。

小花明白他的失落，以前談生意，她都是不出面的，但是這次由於是一個大客户，決定了自己公司的存亡，所以她決定親自上陣。沒有想到，還沒開始談，對方就露出失望的表情。

然後，那個外國人喝了點酒，話明顯多起來，他拿著酒杯，半醉半醒地說：

「其實你的身材很好，也年輕……」說著，便把臉湊了過去。小花輕輕地推開他，然後為自己倒了滿滿一杯白酒，說：「這裏滿街都是美女，但我不是，可我有最出色的產品。如果你是衝著我的產品來的，那我就先乾為敬！」說著，她一仰頭，把滿滿的一杯酒喝了下去。

那晚，小花回到家裏，哭了很久，她想這筆生意肯定沒了。沒有想到，那個外國客户卻從心裏開始敬重她，從那以後，成了小花的重要客户，還給她介紹了新的客户，使得小花的公司日益興隆起來。

也許你的容貌真的不漂亮，但是你不要把這歸咎為一種錯誤，那不是你父母的錯，更不是你的錯。既然不是錯，就沒有為之自卑的必要，接受它，然後用心去展示自己的另外一種美，相信你不會遜色於任何一位漂亮的女人。

錢鍾書先生說：

「無貌的女人多有才德，所以漂亮的女人準比不上醜女人那樣有才智品節，這是現代人流行的信仰。」當青春美貌來不及繾綣情長，像美麗的過客一樣倏然離去的時候，不漂亮的女人在歲月中積累的修養、知識和事業，則會隨著歲月的剝蝕而愈加散發出美麗的光澤！

世界上的事情，都具有雙重性，有一弊必有一利。所以你大可不必為自己長得不漂亮而悲傷，而遺憾，也不必為自己的美貌而得意驕傲，忘乎所以。

自己認為有美中不足者，也大可不必煩憂和自卑。須知容貌美雖不能聽從人願，但心靈美卻可以去刻意雕塑。聰明的人，常常懂得用心靈之美去彌補形貌之美的不足，獲得比美貌更大的發展。所以，請為你的不漂亮而慶幸！

8 這個世界上只有一個你，所以你就是最棒的

每個人都有不同的特質。東施效顰為什麼很醜，就是因為東施失去了她自己的特質。或許東施本來不醜，但她因為扭曲自己的個性，硬學西施的樣子，終於把自己裝扮成了什麼都不是的醜八怪。

雖然每個女人都渴望漂亮，但是漂亮不是靠模仿來的。即便你模仿的很像，那也是別人的榮譽，而不是你的。

尊重上蒼給你的才能，那才是適合你的，一味地模仿別人只會徒增煩惱。

要相信自己就是最棒的，敢於展示真實的自己。也許你沒有漂亮的臉蛋，但是你有優美的嗓音，也許你沒有窈窕的身材，但是你有一顆善

良的心靈，總之，你是獨一無二的，是無可替代的，這是只屬於你的美麗！

二十世紀八〇年代，有位名叫安德森的模特兒公司經紀人，看中了一位身穿廉價品、不拘小節、不施脂粉的大一女生。

這位女生來自美國伊利諾州一個藍領家庭，她從沒看過時裝雜誌，不懂什麼是時尚，更沒化過妝。這都不重要，重要的是，她天生麗質，渾身散發著清新的天然香味，但是唯一美中不足的是她的唇邊長了一顆觸目驚心的黑痣。

安德森將這位女生介紹給經紀公司，卻遭到了一次又一次的拒絕，原因大都是因為她的唇邊的那顆黑痣。但是他下定了決心，要把女生及黑痣一起推銷出去，他有種奇怪的預感，這顆黑痣將成為這位女生的標誌。

安德森給女生做了一張合成照片，小心翼翼地把大黑痣隱藏在陰影裏，然後拿著這張照片給客户看。

客户果然非常滿意，馬上要見真人，真人一來，客户就發現「上當了」，客户當即指著女生的痣說：

「我可以接受你，但是你必須把這顆痣拿下來。」

雷射除痣其實很簡單，無痛且省時，當這位女生和安德森商量把這顆痣拿下來的時候，安德森堅定不移地對她說：

「你千萬不能摘下這顆痣，將來你出名了，全世界就靠著這顆痣來識別你。」

果然這女生幾年後紅極一時，日入三萬美金，成為天后級的人物，她就是名模辛蒂・克勞馥，她的長相被譽為「超凡入聖」，她的嘴唇被稱作芳唇。芳唇邊赫然入目的是那顆今天被視為性感象徵的桀驁不馴的大黑痣。

有一天，媒體竟然盛讚辛蒂有前瞻性眼光，辛蒂回顧從前，不由得倒抽一口涼氣，在她的成名路上，幸好遇到了「保痣人士」安德森，如果她摘掉了那顆痣，就是一個普通的美人，頂多拍幾次廉價的廣告，就會淹沒在如雲的美女之中，再難有所作為。

這個世界上有幾十億人，每個人都是不同的，也正是因為這些差異，才使得這個世界豐富多彩，美好無比。為了迎合別人而抹殺自己個性的人，就如同一隻電燈泡裏面的保險絲燒斷了一樣，再也沒有發亮的機會。無論如何，你要保持自己的本色，堅持做你自己。

生於世界上，存於宇宙間，你擁有的不比別人多，也不比別人少，只要你勇於自信地展示自己的風采，那麼你就沒必要去仰視和羨慕任何人！即使你天生不是一朵芳香四溢的花，只是一片用來陪襯的綠葉，也要相信自己是美麗的，美麗的資本就在於你是這個世界上獨一無二的。每個人都有自己的風格和特點，自然的東西才具有個性，才能與眾不同，才具有強烈的吸引力。

所以，女人們，沒有必要去模仿任何人，也不需要去刻意地改變什麼。無論如何，你都應該保持本色，做自己才是最美的。

第五章

女人最大的弱點——愛慕虛榮

警惕「孔雀心態」
你需要的是一個家，而不是一間房子
少一點比較，多一點快樂
拿什麼拯救女人的購物欲
別礙於面子而不懂拒絕
打腫臉充胖子比貧窮更讓人看不起
選擇自己喜歡的，而不是別人喜歡的
告別貪婪，控制自己的虛榮心

1 警惕「孔雀心態」

孔雀為何開屏呢？想一想孔雀開屏時顧盼自傲的樣子，有種向人炫耀的味道，就如人的虛榮心，對自己所擁有的，不懂得去守護，只想著把它們作為一種換取外界羨慕的本錢。

人免不了都有些虛榮心，只是如果虛榮心太過，就會出現「孔雀心態」。女人，一旦在生活中出現這種心態，就容易讓自己陷在不停比較、爭強好勝的境地，而且女人常常會為了強出頭而盲目攀比。這就像是孔雀開屏時，顯擺牠那華美的長羽，美得目中無人。這是一種心理失衡的表現。

小亞最近覺得自己的心態變得越來越浮躁，不知道從什麼時候開始，她很喜歡與別人攀比。

比如，當她看到鄰居穿的衣服是某個牌子的新款，她就滿腦子想著要去買一件更好的比過她；她看到同事在用一支價格不菲的唇膏，她便跑到化妝品專櫃尋找一個比這個牌子更貴的款式；工作上，她的業績如果沒有超過同行，她就會沮喪半天，甚至沒有食欲。

就這樣，她熱衷於和別人比化妝品價格，比衣服牌子，比工作業績，常常把自己搞得很累，身體健康也很受影響。

困擾小亞的便是上面所說的「孔雀心態」。炫耀的底牌是來自內心的虛榮。「孔雀心理」歸根到底也是一種膨脹的虛榮心。有人說，虛榮是炫耀的發動機，發動機的馬力越大，炫耀的表達欲望越強烈。

很多女人最容易因為虛榮而同別人攀比炫耀。她們從攀比炫耀的過程中，享受一種成就感，比如容貌，比如丈夫、孩子、房子，等等。而女人也會因為攀比炫耀過程中的起起落落，而影響自己的情緒，變得忽喜忽憂。

所以，我們要警惕這種心態的蔓延，今天你還在為自己的一克拉的鑽戒炫耀，明天又要為別人的三克拉鑽戒而苦惱；今天為自己買一雙名牌的鞋子而自鳴得意，明天可能又會為同事穿了件名牌的衣服而憤憤不平。

人生總是有輸有贏，每個人都會有起有落。而對著生活中的得與失，當女人感覺到虛榮心在作祟時，不妨檢測自己是不是已脫離真實，乃至要常常膨脹自己，才夠得上這樣的完美形象。

生活是長久的，女人要想獲得長久的平靜，就要警惕自己的「孔雀心態」。如若克制不住自己的虛榮，就會讓自己的心陷入到無止境的不平衡中。這樣的心態，怎麼能感受得到生命的美好？

2 你需要的是一個家，而不是一間房子

在二十世紀七八十年代，多數年輕人都是「裸婚」，沒有房子，沒有豪華的婚禮，擠在公司幾坪的員工宿舍裏過日子。許多家庭，都是從那個狀態慢慢走過來的。如今，開始流行「沒車沒房免談」「嫁給富二代，可以少奮鬥許多年」「難以接受『裸婚』」「寧願坐在寶馬車裏哭，也不願坐在自行車上笑」……

女人的擇偶標準明顯物質化，她們語氣咄咄地說：「沒有房子，我憑什麼嫁給你？」或者不滿地抱怨：「你看別人家的房子多大多敞亮，再看看我們的，狹小如同鳥窩。」房子，成了女人擇偶的一個重要因素，成了婚姻的決定因素。女人的虛榮心，讓她們覺得嫁給一個沒房子

的男人，會讓自己在親朋好友面前很沒面子，卻忽略幸福婚姻的本質所在。一間房子，真的能給你幸福嗎？其實，你需要的是一個家，而不是一間房子。

家是這樣一個地方：它也許並不大，但它任何時候都會敞開大門張開雙臂歡迎你，那裏面永遠有人願意和你分享快樂，分擔憂愁。

作家三毛說過這樣一句話：家，是一個人點著一盞燈在等你的地方。

家，是我們每天下班後都想急匆匆趕回去的地方，就是有愛人和孩子在等你的地方，想到有香噴噴的飯菜佳餚，心頭剎那間有一股暖流湧了上來，這就是家的感覺。家，是一個充滿愛意的地方。

房子，是沒有生命的，裏面也許有富麗堂皇的傢俱，卻沒有愛，只有冰冷的孤獨。作為女人，你需要的是一個有人疼有人愛的家，而不是看上去很美的水晶冰窖。

小文是一個典型的拜金女，她的擇偶標準只有一條，就是那個人一定要有錢，而且捨得為自己花錢。在一番精心的策劃後，她成功地釣到了期望已久的金龜婿。半年後，他們閃電結婚。

就像小文想像的一樣，他們的新房是一棟豪華的別墅，她過上了闊太太的生活。剛開始，小文對購物、美容、做ＳＰＡ、和朋友去旅遊充滿了新鮮感。

一年後，她忽然覺得心裏空蕩蕩的，沒有絲毫歸屬感。從外面回到家的那一刻是最痛苦的，因為孤獨、冷清會一下子包裹全身，浸入她的每一寸肌膚。

這個金龜婿在他們的家族企業上班，時常要出差，一年待在家裏的時間還不到一個月。雖然對小文不錯，時常打電話回來，還讓她隨便刷信用卡，但小文再也找不回以前單純的快樂了。她想念自己的父母，想回到他們身邊，想重溫家的感覺。

當一間房子沒有人住的時候，不能稱之為家，只有當它有了你的另一半，或是你的父母、孩子時，才能叫做家。

一個女人如果選擇了一個長年累月不能回家的人作為丈夫，那是不會有家的感覺的，因為家的感覺應該是，在你哭的時候，他總會奉上最堅實的肩膀讓你依靠，而且這種依靠是及時的。

小伊對於結婚沒有過多的要求，不需要昂貴的婚紗、辦盛大的婚宴，或是去各地旅遊，甚至連每個女孩子都喜歡的鑽戒也不在乎有沒有。

她只希望平平淡淡的婚後生活，每天起來給老公煮早餐，每天晚上可以看著老公熟睡，一起看電視，開心的時候和自己一起大笑，傷心的時候陪在自己身邊，這些就足夠了。

但她的老公卻不這樣認為，他嚮往追求自我更高的價值，於是他選擇了更為競爭激烈的行業，工作更為繁忙。陪小伊的時間少了，小伊獨守空房的日子多了。

想起以前那段艱辛的日子是那麼甜蜜，因為他們不必加班，不必把工作帶回家，他們有更多的時間把更多的愛注入這個小家。

事業是老公的全部，而對於小伊來說，愛情和家卻是她的全部。兩個人就這樣分開了，因為整日面對空蕩蕩的房間，讓小伊感到恐怖，會覺得心都被掏空了一樣。小伊理智的選擇了離開，因為這樣的「家」不是自己需要的，她要去尋找一個真正的家。

幸福女人的背後都會有一個美滿的家，而孤單女人的背後也許有一間好房子，卻沒有一個溫暖的家。家，是每個女人幸福的起點站。一間沒有愛的房子，是女人幸福的終結點。

3 少一點比較，多一點快樂

愛比較，是女人的一種天性。比各自的衣服，比老公的薪水，比孩子的智力，若是占了優勢就暗自得意，處於劣勢就嘆氣抱怨。總是盯著自己沒有的，卻看不到自己擁有的。生活往往就在這比來比去中，比出了怨恨，比出了愁悶，比掉了自己本應有的一份好心情。

最近，小靜常常感慨時間如白駒過隙，眼看自己已經是快四十的人了，都說三十而立，可自己年近四旬才有了點成功的苗頭。

看看周圍的同齡人，都已是功成名就，一副志得意滿的模樣。而自己，在公司裏苦苦掙扎，歲月這塊磨石已將她打磨得稜角盡失，每日裏唯唯諾諾，歷經幾十載奮鬥，總算熬上了主任的職位，卻茫茫然看不出有何發展前景。

特別是前段時間參加了個同學會，昔日的同窗們不是官運亨通，就是財源茂盛，要不然就是嫁給了金龜婿，看著她們在餐桌上高談闊論，自己只有陪著笑臉，偏居一隅，不知說什麼才好，內心裏異常苦悶。

在這些同窗當中，想當年，有許多人處處都不如自己，對自己這個每次考試都穩拿前三名的班長敬仰有加。可現在——小靜陷入了痛苦的泥潭。

生活中，有許多女人和小靜一樣有和別人比較的習慣，她們看到別人漂亮，就責怪自己不夠漂亮，看到別人溫柔有加，就埋怨自己不夠溫柔……她們總是有理由否定自己。

女人，趕快跳出「與別人比較」的模式吧，也許你在某個方面不如別人，但在另外一個方面卻是優秀的，沒有誰是十全十美的。

上帝給了所有女人擁有幸福快樂生活的權利，但是很多女人卻在盲目的比較中喪失了這份權利。其實，你眼中所羡慕的那些人並不見得比你幸福多少，你羨慕的只是你看到的比較光輝的一面而已，卻忘了「家家都有本難念的經」。

俗話說：「人比人，氣死人。」盲目比較是於事無補的，只會傷害自己的身心。要知道，不懂知足的女人，是永遠不會幸福的。即使她們已經得到最好的了，卻還是會羨慕別人的。

二十幾歲的女人，不要因為羨慕別人的奢華，而忽略了自己的擁有。生活的差別無處不在，要克服比較之心並非易事。如果要比，不妨換一種思考模式，別總拿自己的劣勢去和別人的優勢比，這樣會比的自己身心疲累。要俯下身去，多往下比一比，生活自會多一份快樂，多一份滿足。

未結婚的，有精力、有年輕的本錢去奮鬥，去尋找自己的幸福；結了婚的，每晚回家有陪你的老公，有聽話乖巧的孩子，這就已經足夠了。雖然看起來簡單，但這些都是用再多的錢也換不回來的東西，是很多你羨慕的有錢人渴望不已的幸福。

當你為了自己不能像別人那樣享受山珍海味而苦惱時，想想那些吃不了飽飯的窮人；當你為了自己不能像別人那樣擁有奢華的別墅而鬱悶時，想想那些露宿街頭的流浪人；當你為了自己不能像別人那樣穿上幾萬塊的漂亮鞋子而憂傷時，想想那些沒有腳的殘疾人。這樣，你的心情自然就會變得平和了。

所以，想要做個幸福的女人，就別再在盲目的比較中自輕自賤、自怨自艾了。靜下心來，抬起頭，你才能看到自己頭上那片天空的美麗。

4 拿什麼拯救女人的購物欲

如果你一個月有二十天以上的時間是在逛街；如果你看到喜歡的東西後，必須在第一時間買下它；如果你認為購物是慰勞自己的最好方法；如果你經常在不需要某種商品時也非要購買它；如果你買不到想要的某種商品就難以忍受；如果你有多次薪水入不敷出的情況；如果每每約朋友逛街，大多是對方兩手空空而自己滿載而歸……那麼，只能「恭喜你」，你已經加入了購物狂的行列。

心理學家認為，購物狂往往希望通過購物來發洩某些壓抑的情緒，或是用這些物質刺激來填補內心的空虛，在其過程中，原有的理智被欲望所吞噬，在購物後便開始沮喪、後悔。

一項國內消費的調查結果顯示，在極端情緒下消費的女性，高達百分之四十六點一。也就是說，非常多的女性，極易患上購物狂妄綜合症——「購物狂」。

誘發購物狂的原因有很多，其中有精神孤獨、心靈空虛、壓力過大、情感宣洩，等等。此外，虛榮心理和從眾心理也是其誘因。

時尚、流行等活躍元素決定了許多商品的更新速度越來越快，消費者受到各種各樣關於「奢侈消費」「名牌消費」觀念的潛移默化，加之人所共有的從眾心理，更容易在購物中欲罷不能。

專家提醒：如果一個人毫無節制地瘋狂購物，超過一定界限，就會由製造快樂變為製造痛苦。要糾正過於強烈的購物欲望，則需要加強心理素質培養，力求保持平常的心態，使這種心理疾患得以減輕或消除。

女人不要因為虛榮炫耀心理而去瘋狂購物，因為這樣很可能會讓自己步入更深的空虛，給自己增加更大的壓力。

莎莎是某公司的財務經理，在日常工作中，她經常發現有人拿大額的公關費發票來報帳，她感覺其中有問題，但是每次主管總能簽字同意報銷。時間久了，莎莎不平衡的心理加劇，她打算也這樣報銷一次。

某天，莎莎在一個百貨公司買衣服花了九千多元，並讓店員開了禮品發票。幾天後，莎莎把這張發票混在公司當月的辦公用品中進行報銷，當天就領到了錢。

嘗到甜頭的莎莎看著精美的衣服得到同事、朋友豔羨的目光，深感痛快。這之後，莎莎每隔幾天就趁上班時間悄悄到商場去逛逛，看到中意的衣服和鞋子就先用自己的錢買下來，然後用同樣的方法報銷。由於每次都能得逞，她的購物欲到了一發不可收拾的地步。

據統計，五年時間，莎莎侵佔公款進行「消費」近四百萬，讓人瞠目的是，由於她後來每次購物數量太多，一些營業員還給她提供「特別服務」，免費為她準備了倉庫，存放她買下但卻暫時不拿回去的東西。除了將部分東西帶回家外，莎莎購買的大部分物品都存放在商場的私人倉庫裏。莎莎被查到落網後，辦案人員發現贓物竟能辦一場時裝秀。

莎莎坦言，她這幾年一進商場就會異常興奮，每次她這位「財神婆」一到，所有的營業員都會對她笑臉相迎，恭敬備至，使她心裏有一種無以名狀的快感。這種快感就是由於她的虛榮心所致。

女人想要拯救自己因虛榮而引起的購物欲望，就要積極地抑制這種虛榮心，不要受到商品的迷惑及別人的影響。要積極給自己進行正確的心理暗示，讓自己改變那種生活狀態。要告誡自己，生活中除了購物還有很多樂趣，健身、旅遊、聊天、閱讀都可以，不必非要把時間和精力都花在購物上！

其實女人要想馬上改掉自己的虛榮購物欲是不太現實的，要循序漸進為自己的欲望定期「節食」。每月一周或每季一個月，記住！要將你的「節食」計畫和時間公諸於眾，在朋友們的監督下你才會堅持到底。此外，還要養成計賬的習慣，每天如實記錄每筆消費的支出金額，減少盲目支出。把購物時間排到日程安排上，限定一個大致的時間，可以避免挑選時間長、範圍廣造成的購物過剩。

總之，女人千萬別因虛榮而變得貪婪。當你很不幸地成為購物奴隸，想要改掉卻不是一朝一夕就能做到的。不屬於自己的東西沒必要盲目追從，不要把自己的購物欲演變成癮君子的模樣。平衡自己，把視線一寸一寸從琳琅滿目的商品上移開，才能抵制虛榮，克服欲望，找到更多生活的樂趣。

5 別礙於面子而不懂拒絕

都說男人愛面子，其實女人也不例外。可以說，愛面子的心態每個人都多多少少的存在。但是有些人，也就是那些虛榮心較強的人，會比普通人更加看重自己的面子。特別是女性，臉皮更薄一些，由於虛榮心作祟，有些女性幾乎不忍心拒絕任何人，對別人的要求從不懂得說不，經常為了維護自己的面子，而硬著頭皮去做力所不能及的事。

瑪麗亞在上大學一年級的時候，每月有五英鎊做生活費，這本該夠用了，可是她卻時常感到拮据。因為她不懂得拒絕，比如有同學邀她參加聚會，儘管當時她的口袋已經不富裕了，可是她還是硬著頭皮同意，這意味著第二天她的午飯將沒有著落。可是有什麼好的辦法呢？總不能拒絕吧，那會讓別的同學看不起自己的。

為了應付這些聚會，瑪麗亞只得節衣縮食，可即便是這樣，她的錢仍然常常青黃不接。這不，她現在只有二十先令了，還得維持到月底，就在這時候，她收到姨媽的信，姨媽說下週四要進城，要她陪自己吃午飯。

姨媽對瑪麗疼愛有加，自己是絕對沒有拒絕的理由的，且吃飯也不能要姨媽掏錢的。可是，自己就剩這二十先令了，怎麼辦呢？

週四很快就到了，瑪麗亞的姨媽如期到來。午飯時間，瑪麗亞囊中羞澀，心想：我知道一家合適的小飯店，在那兒可以一人花三先令吃頓午飯。那樣的話，我就可以剩下十四先令用到月底了。

可是，當姨媽問道「去哪裡吃飯」時，瑪麗亞卻說：「姨媽您決定吧。」於是，姨媽說，「午飯我從不吃得太多，一份就夠了。咱們去一處好點兒的地方吧。」

瑪麗亞心裏暗暗叫苦，不過，還是硬著頭皮在前邊帶路。姨媽突然指著街對面的那家高級餐廳說：「那兒不是挺好嗎？那家餐館看上去不錯。」

瑪麗亞知道那家餐廳的食物很昂貴，但還是硬著頭皮說：「嗯，好吧。」

走進飯店，侍者拿來了菜單，姨媽看了一遍後說：「吃這份好嗎？」姨媽選了最貴的雞肉：七先令。瑪麗亞為自己點了最便宜的菜，花費三先令。這樣，她打算用到月底的錢就還剩下九先令，因為還得給侍者一先令呢。

侍者說：「我們有俄式魚子醬。」

「魚子醬！」姨媽叫道，「啊！那種俄國進口的魚子醬，棒極了！我可以要一些嗎？」

瑪麗亞心想，這該死的侍者趕快走開吧，但出於面子，她還是答應了。

飯後，姨媽又要了一小塊奶油蛋糕、吃了水果、喝了咖啡。瑪麗暗暗叫苦，可為了讓姨媽高興，不能表現出來。「沒有了！甚至準備給侍者的一先令也沒有了。」瑪麗亞在心裏叫道。

帳單拿來了：二十先令。瑪麗亞在盤裏放了二十先令。沒有侍者的小費，姨媽看了看錢，又看了看瑪麗亞。

「那是你全部的錢？」她問。

「是的，姨媽。」

「你全用來招待我吃一頓美味的午飯，真是太好了——可是太傻了。你在大學學語言嗎？」姨媽問道。

「對。」

「在所有的語言當中，哪個字最難念？」

「我不知道。」

「就是『不』這個字。隨著你長大成人，你得學會說『不』，無論是對任何人。我早就知道你沒有足夠的錢上這家餐館，可是我想讓你得個教訓，所以我不停地點最貴的東西，看你是不是懂得拒絕，可是你沒有。哦，可憐的孩子！」

最後姨媽付了賬，並給了瑪麗亞五英鎊作禮物。

虛榮心強的女人往往是不會拒絕別人的人。的確，拒絕別人的要求確實是件不容易的事，大家都有體會。因為每個人都有自尊心，希望得到別人的重視，同時也不希望別人不愉快，因而，也就難以說出拒絕的話了，女人細膩的心思對這一點的感悟更深。

但是，你應該想一想，倘若答應對方的要求，將會給自己帶來很多不必要的麻煩，那麼，就應該拒絕，而不要為了面子問題，做出違心的事來。

凡事都要量力而行，面對別人的請求，當你有時間並且有能力的時候，不要輕易拒絕。但是沒有人是萬能的，當你真的力所不能及的時候，就不要礙於面子，不好意思說「不」了。

拒絕是一門藝術，更是一種智慧。試想一下，如果硬撐著答應，最後卻無法收場，丟的面子會更大。懂得適時的拒絕別人，才是女人成熟的開始！

6 打腫臉充胖子比貧窮更讓人看不起

沒有哪個女人不喜歡過上富足而榮耀的生活，這不僅僅讓自己覺得享受，也是讓別人羨慕的資本。這是對生活的一種美好的渴望，也正是有了這種渴望，才令女人們有了不斷奮鬥的動力，但是千萬不要將這種渴望與虛榮混為一談。

如果你有足夠的經濟實力，那麼沒關係，你可以盡情展示你的富有，如果你沒有，那麼你就量力而行吧！不必非得做出樣子來給誰看，打腫臉充胖子，最後只會落得自討苦吃。

有一對戀人結婚時非要擺闊氣，發誓要把公司同事們的婚禮都比下去。可是他們兩人都是薪水階級，沒有多少存款，雙方的父母身體都不太好，他們那點退休金是指望不上的。怎麼辦？借吧。

於是，他們借錢置辦了高檔傢俱，將新房裝飾得像宮殿一樣華麗，但是他們還不滿足，他們還想把婚禮搞得排場一些，隆重一些。可是能借的錢已經都借了，於是新郎決定為了自己的婚禮鋌而走險。他在結婚前幾天偷出工廠的一些器材，私下裏換成了一疊現金。

婚禮那天，新郎西裝革履，新娘婚紗拖地。用金色的硬幣拼成的喜字叫來賓驚詫不已，租用的轎車排著長長的隊，真是氣派極了。

可是到了晚上，賀喜的人群還沒散，新郎新娘還沒等入洞房，呼嘯的警車就將新郎帶走了。接著，沒收了他用贓款買的全部家用電器。

事發之後，債主們也紛紛上門討債，新娘子只好變賣了新買的傢俱用來還債。面對空空如也的四壁，新娘堅決要離婚，一個剛剛組建的家庭就這樣被虛榮心和面子給拆散了。

雖然貧窮容易叫人看不起，但是打腫臉充胖子也不見得能強多少。

也許，沒有錢做什麼都難，但千萬不能因為錢而迷失自己的本性，更不能為了掙面子而去做傻事。等到真正陷入泥潭之中，你就會頓悟，虛榮是多麼沒有意義的東西。

還記得佛蘭克林寫的一篇《哨子》：

我七歲的時候，有一次過節，大人們給我的衣袋裏塞滿了銅幣。我立刻向一家賣兒童玩具的店鋪跑去。半路上，我卻被一個男孩吹哨子的聲音吸引住了，於是，我用所有的銅幣換了他這個哨子。

回到家裏，我非常得意，吹著哨子滿屋子轉，卻打擾了全家人。我的哥哥、姐姐和表姐們知道我這個交易後，便告訴我，我為這個哨子付出了比它原價高四倍的錢。他們還告訴我，用那些多付的錢，我不知道可以買到多少好東西。

大夥兒都取笑我傻，竟使我懊惱得哭了。回想起來，那只哨子給我帶來的悔恨遠遠超過了給我的快樂。

不過，這件事情後來卻對我很有用處，它一直保留在我的記憶中。

因此，當我打算買一些不必要的東西時，我便常常對自己說，不要為哨子花費太多，於是便省下了錢。

其實，很多時候，面子就像佛蘭克林買的那把哨子，我們不能為它付出過高的代價！就像莫泊桑筆下那位年輕美麗的女子瑪蒂爾德，為了一晌貪歡的虛榮，而付出了十年的青春代價。

想要做個一生都幸福、自在的女人，就要懂得權衡輕重利弊。如果你的薪水不高，就不要貪慕虛榮四處借錢買名牌，普通的衣服一樣可以穿出品味；如果你沒有錢買高檔轎車，就不要欠債貸款換瀟灑，買個便宜實用的車開著照樣舒服。

切記，時刻放平自己的心態，千萬別為了貪圖享受別人一時的羨慕和稱讚，而把自己弄得疲憊不堪，那樣做實在不值得。

7 選擇自己喜歡的，而不是別人喜歡的

女人似乎大部分都是缺乏決斷意識的，大到擇業、婚戀，小到出行、購物，在作決定之前，總要習慣性的徵詢身邊家人、朋友的意見，而且最好能多問幾遍，選出頻率最高的答案。這樣的方式大概能讓人覺得心裏踏實，也避免招來過多的非議，但卻不見得一定合適。

廿七歲的佳佳，在一家外商公司工作。最近，又一次得到升遷的她，卻發現隨著事業的發展，一些生活細節正在悄然發生變化。同事們開始用「強勢」、「精英」、「女強人」來形容她；老公也不再把她當作小鳥依人的女人百般疼愛了。

仔細審視一下自己，佳佳發現自己在工作上確實比以前更果斷厲害，也更能幹了，這是她一直所追求的。但在戴上「女強人」帽子的同時，她也倍感「不適」，同事的敬畏、老公的疏遠，這讓她覺得很壓抑，甚至開始猶疑：「該不該繼續這樣強勢下去？」

朋友們紛紛勸她回歸家庭，何必苦苦支撐，把自己弄得那麼累？家庭才是女人該待的地方。

丈夫作為一家大公司的高層主管，更極力遊說她辭職，他提出的理由非常充分：家中有人操持家務，男人的職業狀態才更佳；作為女人，多多逛街購物做美容，也更年輕亮麗。而這一切的前提是，他自己薪水足以支撐這一切。「想想，這是很多女性夢想的生活呢！」

佳佳動心了，她很快就辦好了辭職手續。但是，離開自己熱愛的事業之後，佳佳變得悶悶不樂，家庭瑣事只會讓她感到厭煩，她覺得自己就像一隻被關在籠子裏的鳥……

幾乎每個女人都在乎別人對自己的評價，並對此患得患失，以致為了迎合別人而不斷的否定和修改自己。

其實，那些對你指手劃腳的人，自己也不知道他們遵從的規則。不要奢望所有人都支持你的選擇，也不要期許所有人都喜歡你的風格，生活是你自己的，你更要聽從自己內心的想法而不是隨波逐流。

女人不能沒有主見，處事不能沒有決斷。拿主意難，堅持主見更難，盲目自信是固執，偏聽偏信是糊塗，正確的主見都是事物本質的反應，堅持正確的主見就是堅持真理，就是堅持勝利，而真理總是被少數人發現，再被多數人所認同的。

歌德曾說：

「每個人都應該堅持走為自己開闢的道路，不被流言所嚇倒，不受他人的觀點所牽制。」

雖然我們每個人絕無可能孤立地生活在這個世界上，幾乎所有的知識和資訊都要受別人的教育和環境的影響，但你必須清楚，在人生的旅途中，你才是自己唯一的司機，你要穩穩地坐在司機的位置上，決定自己何時要停、要倒車、要轉彎、要加速、要剎車，等等。

只有你才能帶自己去想要去的地方，去看自己想要看的風景。

要做有主見的女人，無論你是家庭主婦、普通平凡的職業女性，抑或職場裏屬於高薪高職又儀態大方的優秀女人。

在對自己進行真實自我的觸摸後，你都會發現，原來自己還有相當大的潛能去挖掘更為廣闊的領地，潛藏多年的夢想能夠驅使你自信而大膽地向前走很遠，你將為自我創造和超越而感到自由、快樂。

要做有主見的女人。作為天生被世人稱為「弱勢群體」的女性，你可能在力量、速度、膽識等不少方面都比男人差一點，於是難免希望男人對愛情、對家庭的承擔多一些，這當然合乎常理，但絕對不代表你可以因此而放棄自己奮鬥的權利。

要做有主見的女人。當有一天曲終人散，你的愛人由於各種原因離開你，你變成了一個人。如果你以前過度地依賴他，你會發現自己和社會是脫離的，你根本無法獨立，甚至還會感到絕望。但是如果你能在日常生活中培養自己獨立的性格，那麼有一天即使失去所有，你也會用自己的力量重新找到幸福。

做個有主見的女人吧，學會為自己的生活喝彩。去選擇你喜歡的，而不是別人喜歡的，你會贏得更多的成功，收穫更多的快樂！

8 告別貪婪，控制自己的虛榮心

佛說：「人間妙五欲，地獄五條根。」延伸成另一種通俗說法，便是「放下欲望，就是幸福」。貪婪很容易使人陷入失望和焦慮之中。最終，你會為那些由虛榮而產生的欲望付出代價。

佛洛伊德把欲望定義為人的本性，而本性是不可克服的，否則就是違反自然。現在女性流行做瑜伽，瑜伽中的平衡就如道家的中庸一樣，都是教育我們學會控制自己的身體，從而控制自己的欲望，平衡自己的欲望。

小雅兩年前和做生意的老公結婚了，婚後日子一直和睦幸福，然而一年前她卻患上重病，經多方治療都不能完全治癒，只好整天待在家中。

於是，小雅開始在家炒股消磨時間，誰知她股票竟做得有聲有色，並不比年薪百萬的老公收入少。

當別人問她技巧時，她的回答是：心態平和，克制欲望，該買就買，該賣就賣。這是她從醫生的一次誤診中得到的體會。

當生命受到死亡的威脅時，你的心態會昇華，會平和，能把健康時未能理解的東西都看得透澈。

一個家庭婦女足不出戶，沒有高人指點，沒有內部消息，卻能跑贏大市，贏得那麼簡單，實在讓人感到佩服。她其實是戰勝了自己，克服了自己的貪婪與恐懼。不因為貪婪而該賣時不賣，也不要因為多慮而該買時不買，見好就收又怎麼會輸呢？小雅的成功在於她克制住了自己的欲望。

我們每個人都有自己的欲望，既有物質的也有精神的，既有現實的也有長遠的。一旦你的欲望滿足了，新的欲望又會產生。有欲望不是壞事，但不應貪婪。因為貪婪會讓人不停地去追逐目標，而對手中所擁有的卻永遠不會感到滿足，這樣，即使擁有再多，心中的幸福感也只有那麼一點點。

幸福是什麼？幸福是對欲望的滿足感。欲望越多，滿足的機率就越小，幸福指數自然會降低；而欲望越少，越容易實現，幸福便不再遙遠。

女人要想得到更大的幸福，就要節制自己的欲望，淡泊名利。淡泊名利的女人，不會去羨慕別人的房子比自己大，卻只希望有一個疼愛自己的好老公；不會去嫉妒別人的孩子比自己的孩子學歷高，更注重樹立孩子的自信心，鼓勵孩子鍛煉自己的生存能力；不會去在意別人的老公比自己的帥氣，在意的是自己的老公是否忠誠；更不會去打腫臉充胖子，而是善解人意、相夫教子，有滋有味地活著，不貪慕虛榮。

不被欲望操縱的女人像秋葉般靜美，給人寧靜、不食人間煙火般的感受，活得簡單而有味道。懂得用心去欣賞生活的女人，會用自己的智慧趕走乏味，讓自己的生活獨特而美麗。聰明的女人讓幸福潛藏在自己腳下，而不把它寄託在無邊的欲望裏。

托爾斯泰說過：「欲望越小，人生就越幸福」。減少你的貪婪，才能得到更多的滿足和快樂。

第六章

我的身體怎麼了？女人最擔心的健康問題

私處的尷尬，要不要去看婦科大夫？
乳房有腫塊，會不會是乳癌？
流產，女人的一生能承受幾次？
月經不順會導致不孕嗎？
孕期或生育過後，總是忍不住便意，尿頻、甚至是尿失禁
職業白領：我處於假健康狀態嗎？
你是不是患上了憂鬱症？
心理壓力太大，年輕女性警惕卵巢早衰

1 私處的尷尬，要不要去看婦科大夫？

女人就好比一朵嬌羞的花，而私密地帶就像花中的蕊，神秘而嬌柔。當男人像採蜜的蜂一樣「侵襲」過後，留給女人的則是那些令人尷尬的困惑。

女性私密的尷尬是很少被提及的話題，因為你會覺得它們難以啟齒，但是這些發生在兩性之間的事情，說不定哪一天就會發生，讓你尷尬的同時手足無措。這時的你，是該去看醫生呢？還是掌握些知識自己處理？

其實，一些常見的小症狀，只要我們掌握了一些基本的處理技巧，是完全可以自行處理的。但是，面對一些你認為非常棘手的問題，一定要到醫院找專門的大夫去診斷，千萬不可因為害羞，而耽誤了自己。要知道，女人身體上的「罪」可不好受。

那麼，就讓我們來看看一些常見的私處問題以及處理方式：

1.私處瘙癢和潮濕

私處瘙癢這個應該是女人最常遇到的尷尬了，讓遭受其苦的女人坐立難安。有時癢得厲害，總情不自禁想用手去撓，但又要考慮「形象」問題，因此總是做出種種不雅的動作解決難忍之「癢」，給工作和學習帶來很多不便，又難以啟齒。

私處潮濕也會讓女人覺得非常的不舒服，最常見引起潮濕的原因是白帶增多，會使女人有非常不適的感覺，過多的白帶會使女人覺得下體有潮濕的感覺，渾身不自在。更有甚者，多到溢在褲子或裙子上的程度，即使用了護墊也不管用，衣服上的斑斑點點給女人造成很大的心理障礙，自信心也隨之消失。

面對這樣的尷尬，我們要清楚，這是婦科炎症的典型症狀，這種炎症也提醒了你一個問題，那就是你平時私處的衛生情況有待改善。女人必須要經常呵護自己的私處，要經常的清洗，把大、小陰唇翻開清洗，裏面可能會殘存分泌物而形成白色的污垢，沒有清洗乾淨，可能會造成陰部或尿道發炎，甚至成為滋養細菌的溫床。

另外要知道，每天清洗一次即可。清洗私處時最好採用溫水淋浴沖洗，如果無淋浴條件，也可以用盆浴代替，但要專盆專用，專用毛巾需曬乾或在通風處晾乾。一般情況下，不要使用外面市面上的潔陰用品，以免破壞我們自身的抗菌能力，使用清水是最好的選擇，但是在出差等不方便的條件下，則可用專用私處清洗液清洗。

2.私處出現疼痛的感覺

一般來說，女人遇到這種尷尬多是由骨盆腔炎引起的，骨盆腔炎帶來的疼痛會讓女人在每個月的那幾天裏像失去光澤的花朵一樣暗淡無光。小腹疼痛嚴重的時候，甚至不能進行正常的工作和學習。

這種下腹痛、白帶增多、發燒，有時感覺噁心，全身乏力，都是骨盆腔炎的典型症狀。骨盆腔炎是婦科常見病，急性的可導致敗血症、感染休克等嚴重後果，遷延不癒的話，可導致慢性骨盆腔炎而容易引起不孕等後果。如遇到這樣的問題，則建議趕快就醫，萬萬不可疏忽大意。

真正幸福的女人永遠不會忽視對自己健康的重視，不妨平日裏多瞭解一些這方面的知識，做好衛生保健工作，讓私密地帶的尷尬遠離我們，從裏到外綻放美麗。

2 乳房有腫塊，會不會是乳癌？

當唱著《女人花》的巨星梅豔芳離我們遠去；當歌手阿桑寂寞地在天堂唱歌；越來越多的女性開始關注起自己的健康問題。而作為當下女性健康最大的殺手——乳癌，首當其衝地被擺在了女性心中最顯眼的位置。

隨著女人乳房自我保健意識的增強，很多女人按照醫生的囑咐，都會定期地對自己的乳房做檢查，摸摸這，弄弄那，哎呀，發現乳房有腫塊，會不會是乳癌呢？

今年三十二歲的小穎一直很重視乳房保健，每個月都會定期對自己的乳房進行自我檢查。上周的一個早上，小穎和往常一樣對乳房進行例行檢查，突然，左乳外側的一個小硬塊讓她緊張了起來。

小穎不敢大意，當即向公司請了假到醫院作檢查。「小硬塊可以滑動，按下去還有點痛，不會是什麼惡性的東西吧？」

面對一臉焦慮的小穎，醫生輕輕拍了拍她的肩膀說：「不是所有乳房的硬塊都是腫瘤，你放鬆一點，不必太過緊張。」

最後，經過醫生的觸診和X光的檢查，小穎其實只是得了一般的乳腺增生，乳房上的小硬塊只是乳腺結塊，不用吃藥，只需定期觀察就可以了。

其實，乳房自我檢查不能只關注乳房有沒有小硬塊，還要著眼於整個乳房的外觀，因為如果發現乳頭有內陷，或者乳房表面皮膚有凹陷，都可能是早期乳癌的信號。相反，讓不少女性大驚失色的乳房小硬塊，如果邊界清晰，可以滑動，而且還有痛感的，通常是乳腺增生或良性的乳腺纖維瘤，不是乳癌。但如果摸到有結實、位置和形狀固定、邊界不規則的硬塊時，則需要提高警惕，儘快找專科醫生檢查。

那麼，我們到底該如何才能準確而又有效地對乳房進行自我保健，預防乳癌的發生呢？

首先，**要學會自我檢查**。乳癌雖然被喻為女性「頭號殺手」，但它恰恰又是各種女性腫瘤中比較好治、治癒率相對較高的腫瘤。

根據世界衛生組織的統計，乳癌是一種可通過早期診斷、早期治療降低死亡率的癌症。臨床實踐證明，早期發現的乳癌治癒率達百分之九十；如果不進行檢查，等到疾病發展至中晚期才確診，此時活過五年的機會不到百分之二十。早期發現乳癌，治療方法簡單，付出的代價小，效果好，費用也低。

要早期發現乳癌，最有效的方法就是學會正確的自我檢查。

乳房自我檢查不是簡單的「摸」，更不是把乳房瞎抓一氣，正確的做法，首先是要對女性乳房的大致生理構造有所瞭解，而「摸」的時候要有規律，最好把乳房分為四等份：外上、外下、內上和內下，同時千萬別忘了要摸一摸腋窩和鎖骨。

其次，**從吃上「封鎖」乳癌，要捨得「口福」**。乳癌的發病率與女人的體重是密不可分的。

哈佛大學的一項研究報告表明，十八歲以後體重迅速增加的婦女，與那些長期保持標準體重的婦女相比，其更年期後患乳癌的危險率幾乎高一倍。乳癌患者大多喜歡吃葷菜，沒有葷菜不下飯的經常碰到，特別喜歡吃海鮮的更是常見，喜歡吃牛肉、羊肉和其他肉類的患者多見。醫學界認為，高脂肪攝入過多的婦女，是乳癌高危險族群。所以要想遠離乳癌的傷害，女人就不得不在吃上注意點了。當然，還有一個好辦法就是運動。

第三，不要飲酒。美國專家認為，如果你每天喝一次酒，那你患乳癌的危險性就增加百分之十一；每天喝兩次，其危險性就是百分之二十四；如果每天喝兩次以上，那麼其危險性就增至百分之四十。

所以，奉勸喜好飲酒的女士們，最好是每週飲酒不超過三次，而且量要適可而止。

第四，服用維生素D。最新研究結果表明，維生素D有預防乳癌的功效。研究發現，每天服用兩百個國際單位（大約食用兩小勺含維生素D奶粉即可）維生素D的婦女，其患乳癌的危險率大約降低百分之三十。醫生因而建議：五十歲及其以下的婦女，每天至少服用兩百個國際單位維生素D；而五十歲以上的婦女，最好每天服用四百至六百國際單位維生素D。

第五，多曬太陽。與服用維生素D相關的是，多曬太陽也可以降低乳癌的發病率，因為皮膚只有在陽光下才能合成維生素D。美國專家說，對大多數人來說，每天曬十至十五分鐘太陽就夠了，這足以使人們保持人體所需的維生素D。不過，也有專家提出，皮膚過多地暴露在陽光下，患皮膚癌的危險將會增加，因此，曬太陽也要適可而止。

總之，女人只要保持有規律的生活，不讓自己過於疲勞，同時，學著放鬆心態，自己給自己減輕負擔，學會自我安慰，就不必過分擔心乳癌的降臨。相信所有追求健康、保持樂觀心態的女人，一定會擁有最幸福的人生。

3 流產，女人的一生能承受幾次？

女人總是感性大於理性的，當你和另一半親熱到關鍵時候，往往對他所提出的「非分要求」也會照單全收。所謂「非分」是因為不計後果，也許你們還沒有步入婚姻的殿堂，也許婚後的你們，經濟能力還不能夠承受寶寶所帶來的壓力，那麼，女人衝動的後果便是要面臨流產。

然而，女人這一生到底能承受住幾次這樣的折磨？看看下面的故事，你就會找到答案了。

小萍是個美女，但是，命運並沒有因為她的貌美而對她有所眷顧，母親早逝，父親又身患重病，她還有個剛剛讀小學的弟弟。十六歲的小萍不得不去外地打工賺錢，一同前往的還有她職校的同學阿瑞。接下來的故事大家很容易想像：工作難找，房租太貴，兩人合租一間房子，很自然地，事情就發生了。

十六歲，懵懂的小萍哪知道什麼避孕，而男友阿瑞就更不放在心上了。同居不久，她就懷孕了。孩子不可能生下來，流產手術又那麼簡單。這次手術後接下來的這個月，她又懷孕了，因為，儘管醫生囑咐她手術後一個月內不能過性生活，她卻無法拒絕阿瑞的要求。

後來，由於房地產市場一片繁榮，長相不錯的小萍在一家仲介公司找到了工作。其實，對於房地產，她一無所知。

公司一個叫小銳的男孩對她很關照，很快讓她上了手。一來二去，小萍覺得欠小銳太多，當小銳在小萍生日那天向她表示愛意時，她沒好意思拒絕。

腳踏兩隻船，頻繁的性生活讓小萍很快又懷孕了。孩子是誰的她不知道，她也沒敢告訴阿瑞，讓小銳帶她去了醫院。

術後一個星期，當阿瑞以為她月經乾淨了提出要過性生活時，她再一次鋌而走險答應了。事實上，早在做第二次人工流產時，醫生就告誡過小萍，她的子宮頸有發炎情形。因為沒錢，這次流產後，她乾脆憑自己的「經驗」到藥店買了瓶清潔洗液和一盒消炎藥，草草了事。

十七八歲的小萍，周旋在兩個男人中間，半年時間裏又懷了三次孕。每次去做人工流產，醫生都警告她說，她的子宮頸炎症已很嚴重！但在這個舉目無親的大都市，兩個男人多少幫她驅趕了心頭的寂寞，她不想離開他們。

然而，她的身體卻抵抗不住了。從年初開始，每次過性生活時，小萍的陰道都會出血。後來，情況已經惡化到出現了發熱、頻尿、尿急、血尿、下肢浮腫等症狀，她這才不得不去了醫院。

到這個時候，小萍對自己的身體仍舊沒有警惕。她單純地認為，她只是性生活過多導致腎虛，於是掛了泌尿科號。泌尿科醫生一問病史，大吃一驚，趕忙讓她去看婦科……最終她被診斷為子子宮頸癌晚期。血尿等症狀，是由於癌瘤向前方擴散侵犯到了膀胱。

阿瑞終於受不了她一天到晚跑醫院，暴跳如雷地跟她分了手。沒過多久，小銳也開始嫌棄起了她。

事實上，流產一次給身體造成的損害，比正常分娩還有過之而無不及。多次人工流產，人體免疫力就會下降，子宮內膜變薄，影響受精卵的著床環境，懷孕後容易流產，造成不孕。不僅如此，現代醫學已有大量的證據表明，近年來發病率日益提高的子宮頸癌與早性、早育、人工流產和多性伴侶密切相關。

女人要對流產後的休息給予足夠重視。流產後，身體的抵抗力下降，細菌會趁虛而入，應格外注意個人衛生，保持外陰部的清潔衛生，每天用溫開水清洗一至二次。同時勤換內衣，保持貼身衣物的清潔無菌。流產後一個月內禁止性生活，避免生殖器官感染。

另外，流產後的女人往往情緒低落，容易對自己或者伴侶產生抱怨。因此，建立一個好的心態對女性是非常有益的。女人不妨用聽音樂，看書等適合自己的方式來讓自己放鬆，把心中的不滿和鬱悶轉移到這些自己平常感興趣的事情上來，壞情緒就會得到有效疏導。

不要在心還年輕的時候就過早地把身體用舊，這是很多醫生對女人的忠告。女人的一生要面臨著生育的問題已經夠讓人苦惱的了，千萬別再自尋煩惱，讓自己面臨無數次流產的麻煩。聰明的女人要懂得保護自己，如果你的男人不能夠給予你們的孩子應有的待遇，請對他的「非分要求」說不！

4 月經不順會導致不孕嗎？

社會發展快，女性月經不順的情況也隨之升高。繁忙無度的工作，壓抑的心情都會導致女性出現月經不順的情況。然而有些女人卻對這樣「小兒科」的毛病置之不理，這絕對是錯誤的。月經的規律性是衡量健康的「晴雨錶」，月經失調一旦久拖不治，容易產生不良的遠期影響，招致未來健康惡疾，更甚者會導致不孕。

小潔結婚兩年多了，一次懷孕史都沒有。兩夫妻雖說沒有嚴格避孕，但因為畢業不久，正想多玩幾年，也就沒在意這事。不過，小潔倒是為自己近一年的月經不順煩心，尤其這半年不但延遲的時間長，月經量也明顯減少。但萬萬沒有料到的是，到醫院檢查卻查出了多囊卵巢綜合症，屬於不孕症的排卵障礙之一。

月經失調帶來的遠期危害不容忽視。它很有可能是引發生育難題的罪魁禍首。那麼，我們該如何正確地判斷自己的月經是否正常呢？

首先，要看月經規律不規律。月經來潮是有規律的，雖不一定就是廿八天一個週期，但只要有規律，二十天到四十天來一次都是正常的。

還有就是月經量，有的人多有的人少，但一般四到六天就乾淨了。舉個例子，如果有人月經總是兩個月來一次，每次來三天，通常就沒有什麼問題，但如果是斷斷續續地流血，量也不是很多，或者原來三天現在是十天了，那就有問題了。另外，對個人週期來講，提前和錯後七天或十天以內都屬正常範圍。比如說上次是八日來的，這次是十二日來的，或者是提前幾天，這些沒有什麼關係。

知道了正確的判斷方法，作為女人，又該如何避免月經不調的困擾呢？

1.靚女不貪靚，月經不紊亂

雖然進入冬季，但不少女孩子仍穿得很單薄，為貪靚「要風度不要溫度」。此外，有些女孩子寒冬的日子也吃冰，當時覺得很爽，但慢慢地就發現月經不再按時造訪了，有時一個多月或是兩個月來一次，量也比以前少了許多，而且伴隨嚴重的痛經，痛得厲害時，甚至出現嘔吐。

事實上，女性經期受寒，會使骨盆腔內的血管收縮，導致卵巢功能紊亂，可引起月經量過少，甚至閉經。

經期要防寒避濕，這是初潮時的少女都知道的問題，你怎麼能不注意呢？

2.保證一日三餐，按時按點吃

我們之所以容易月經失調，主要與生活習慣有關。白領工作壓力大，過度思慮，加上生育越來越遲，沒時間好好吃飯，盲目節食減肥，也是月經不調的元兇之一。

所以，我們切忌不可吃了上頓忘了下頓的過日子，畢竟身體是革命的本錢，女人沒了健康，那美麗、幸福什麼的都可謂是浮雲。

3.放鬆精神，不要給自己太大的心理負擔

正值生育年齡的女性，如果長期處於壓力下，過度恐懼、悲傷、生活環境的突然改變、強烈的妊娠願望，以及劇烈的情緒變化等，都會影響到腦下丘垂體的功能，使卵巢不再分泌女性荷爾蒙及不排卵，月經就會開始紊亂。

研究發現，具有焦慮、內向、孤僻、多思多慮性格且卵巢功能不全的女性，在不良心理刺激下容易發生閉經。我們不妨多聽些抒情的音樂，閒暇時約朋友出來聊聊天，讓自己精神上快活起來，身體的不適也就會煙消雲散了。可見，平日裏最易被女人忽視的月經不調，極可能對我們的身體健康造成嚴重的損害。

重視起這個上天賜予你的「晴雨錶」吧，如果你足夠重視，它必然會成為你的「好朋友」，讓你健健康康地享受生活。

5 孕期或生育過後，總是忍不住便意，尿頻、甚至是尿失禁

女人在享受生寶寶帶來的喜悅同時，也許會發現身體出現了一些不和諧的音符，有一天，你忽然發現自己竟像剛出生的孩子，連最基本的小便控制能力都沒有了，總是忍不住便意，尿頻甚至是尿失禁了。於是，尷尬、無措，難道是身體出了什麼問題？

其實，頻尿是準媽媽們最容易產生的症狀，這主要是因為逐漸增大的子宮和胎頭擠壓到膀胱，讓她們產生尿意，進而發展為尿頻。要提醒各位準媽媽，孕期尿頻的原因有很多，正常的子宮和抬頭壓迫是其中之一，除此之外，還要警惕一些病理原因。

首先，我們來瞭解一下引起孕期尿頻的非病理原因有哪些。

膀胱位於子宮的前方，懷孕三個月時，子宮增大，從骨盆腔出來，可以在恥骨聯合上方觸及增大的子宮，此時，增大的子宮可以刺激前方的膀胱，出現尿頻症狀。

到了孕中期後，子宮在腹腔內慢慢增大，對膀胱的刺激症狀隨之減輕。在妊娠廿八周以後，正常時均可出現不規律的子宮收縮（子宮發硬），但是，通常沒有症狀；一旦宮縮刺激膀胱，便會出現尿頻的症狀。如果未達足月，子宮收縮很頻繁，應該及時就醫，防止早產的發生。

進入懷孕後期，約三十八周左右，胎頭下降進入骨盆，又會壓迫膀胱，出現頻尿症狀。

白天，準媽媽站立或坐位，增大的子宮壓迫腹腔內的大血管，使下肢靜脈回流障礙，腎血流減少，白天尿量減少。

夜間臥床，減輕了子宮對下腔靜脈的壓迫，增加了腎血流量，夜尿增加，這是孕育寶寶的一種很正常的生理現象，但是，如果出現多渴、多飲、多尿三多症狀伴隨體重不增長時，應及時就醫，以排除妊娠糖尿病的可能。

另外，女人不要以為生完孩子，這些症狀就應該消失了，其實頻尿，甚至是尿失禁，也常常發生在已經生育的女性身上。因為生產過後造成盆底肌肉鬆弛，引起頻尿或尿失禁。

那麼，如果你覺得尿失禁讓人受窘，可使用衛生棉或衛生護墊，並做骨盆放鬆練習，也有助於預防壓力性尿失禁。即四肢跪下呈爬行動作，背部伸直，收縮臀部肌肉，將骨盆推向腹部。並弓起背，持續幾秒鐘後放鬆，但如有早產的風險，事前應徵求醫生的意見，注意不要做過於激烈的運動。

有些孕婦為避免壓力性尿失禁所帶來的尷尬，而儘量少喝水，這是不對的。中斷了水分的攝取，只會導致更大的麻煩——便秘。

另外，在懷孕期間，孕婦體內的血流量增加了一倍，所以要攝取大量水分，每天至少要喝六杯水，以供給循環和消化的需要，並保持肌膚健康。

除了上述原因之外，孕期頻尿還可能是有一些疾病引起的。如果出

現以下疾病徵兆，孕媽媽就要及時就醫。

1.尿道感染

雖然說許多準媽媽在剛開始懷孕的時候出現頻尿現象很正常，但也不能因此忽略了一些病理徵兆。懷孕後，由於輸尿管和膀胱的移位，使尿液積聚在尿路裏，讓細菌易於繁殖，容易發生尿路感染。

如果準媽媽小便時出現疼痛感，或尿急得難以忍受時，可以查一下尿常規，看看是不是泌尿系統感染等疾病。

妊娠四至十二周是胎兒致畸的敏感時期，用藥應該在醫生的指導下慎重使用，但又不是絕對禁用，可以先通過大量飲水，多次排尿，沖洗膀胱和尿道，減少細菌在泌尿系統的滯留，再適當配合消炎藥，可以儘快減輕症狀。

2.膀胱炎

另外，頻尿也可能是有其他病因，如尿路結石、異物，通常以頻尿為主要表現。膀胱容量減少，如膀胱占位性病變或較大的膀胱結石等。

精神神經性頻尿，頻尿僅見於白晝，或夜間入睡前，常屬精神緊張或見於精神病患者，此時亦可伴有尿急、尿痛。如頻尿並帶有尿急、尿痛，一定要及時就醫。

6 職業白領：我處於假健康狀態嗎？

一直以來，女性上班族們都是被高學歷與高收入光環所圍繞的寵兒，外界認為她們每天在明亮的辦公大樓裏可以輕鬆辦公，下班後又有悠閒的生活時光，生活如此愜意，似乎不應該有任何的煩惱。其實不然，ＯＬ們光鮮亮麗的背後是常人無法體會的高壓力生活環境。

調查顯示，近八成白領上班族飲食、睡眠沒有規律，每天感覺很疲倦。

百分之五十四點四的白領上班族表示每天都有「沒睡夠」的感覺，另外百分之三十二點四的白領上班族表示睡眠品質不好。

而三十五歲至五十歲的高收入中年白領族群機體老化速度較快，

「生理年齡」超齡趨勢明顯加快，平均超過「自然年齡」十年左右。

今年三十三歲的瑪姬是某外商公司的一名職員，以前自己的身體在女人堆裏算是頂好的了，可最近自從她升上了行政主管，就覺得身體越來越差，經常失眠、做惡夢，只要上班，就煩躁不安，有時甚至什麼事也不想做，整天沒精打采，似乎已經心力交瘁。

為不影響工作，瑪姬不得不去看醫生，但從外科查到內科，前後花了好幾萬元，結果什麼病也沒查出，可情況還是沒有一點好轉。

像瑪姬一樣，許多白領女性都有同樣的體會是：經常感到自己渾身疲乏，胃口不好、頭昏失眠、精力不集中，可是去看醫生，卻又檢查不出得了什麼病。

其實這正是處於一種假健康狀況，雖然她們還未出現器官病變，但其肌體代謝已出現不平衡，很有可能繼續發展成高血壓、冠心病、糖尿病等各種疾病。

那麼，造成職業白領們假健康狀態的原因也就顯而易見了：最難辭其咎的是不良的工作、生活習慣。

社會和工作的壓力讓白領們經常處於緊張的狀態，有些人甚至還出現了心理障礙。經常加班導致的生物鐘改變，內分泌功能紊亂，以及對睡眠產生的緊張心理，讓不少人到了想睡覺的時候也難以入眠。

此外，長期缺乏運動也會導致健康問題。以車代步、久坐少動的白領們往往沒有時間進行適當的身體鍛煉。同時，過多的夜生活及應酬所帶來的神經和胃部的負擔，也易使人無法安然入睡。

面對正處於假健康的自己，要如何做才能恢復健康呢？

1. 要生活規律、合理膳食。

合理飲食包括有節制的飲食，不暴飲暴食，多攝取不同的維他命和礦物質、無機鹽，合理進補，適當選擇藥膳也對預防和改善假健康很有幫助，特別是女性，吃一些健補的中藥，治病的同時也可美容。

2.要按時、充足的睡眠。

不按時睡覺，很有可能會造成睡眠紊亂，而失眠會使人體免疫力降低，容易感染疾病，那些睡眠不足的人通常就是流行病的受害者。

要有好的睡眠，首先**要按時**，不要太飽或太餓時上床，還**要追求品質**而非數量，睡得好不好不與睡眠時間成正比，而與睡眠深淺成正比。

3.要適當運動。

現代人熱衷於都市生活忙於事業，鍛煉身體的時間越來越少，加強自我運動可以提高人體對疾病的抵抗能力。

適合的鍛煉：

一是**有氧運動**，如打球、跑步等。

二是**腹式呼吸**，深呼吸後將氣保留在腹部一會兒，再慢慢呼出。

三是**做健身操**，使全身充滿活力。

四是**自我按摩**，適當刺激體表，保持良好抗病狀態。

4.學會調節自己的情緒，善待壓力、心胸開闊，培養多種興趣愛好。

焦慮是現代人的通病，有焦慮症的人通常會感到莫名其妙地驚恐、心慌、出汗、面色蒼白、兩手發抖等，有時發作過後，病人感到一切都恢復正常，有時則使人經常處於一種緊張不安狀態，擔心此病會再來，形成惡性循環。

經調查，那些樂觀向上、興趣廣泛的人就不容易有這種焦慮症狀的發生，因此學會調整自己的心態和情緒，學習樂觀處世對改善心理假健康很有幫助。

5.儘量改善環境條件。

室內和大氣環境污染總讓健康的身體透不過氣，而我們日常生活中的電腦、行動電話和家電噪音更是我們常常忽視的污染源。

動手改善環境除了在生活中儘量防禦，如上網要防輻射外，還可種植一些有益的綠色植物在室內，改善室內空氣品質。

假健康雖然不是病，但一定要引起重視，及早進行調理，以免落下病根。

人們常常說，人生就好比一個「一」後面加上無數個「零」，「一」是健康，「零」是你所擁有的附加值，比如金錢、地位、權力、家庭、房子，等等，假如沒有了這個「一」，那麼後面有再多的「零」也毫無意義。

所以，女人們一定要為自己調理出一個健康身體，才能在以後擁有美麗的人生！

7 你是不是患上了憂鬱症？

有太多太多的人總是感慨人生苦悶，當然，很大一部分屬於無病呻吟。但不容小視的是，「憂鬱症」這個近些年來在藝文娛樂中鬧得沸沸揚揚的話題，早已侵襲到了普通百姓的身邊，越來越多的人籠罩在憂鬱的情緒當中，尤其是那些身處高層工作的職業女性，還有剛生完寶寶的媽媽們。

最可怕的是，患上這種病的人，早期是很難察覺的。你，有憂鬱症傾向嗎？

琳琳今年三十八歲，結婚五年，育有兩個孩子，兩個都到了上學的年紀。從十幾歲開始，琳琳就間斷地患有憂鬱症，每次憂鬱都會持續五到六個月時間。以前，個人和家庭的精神療法和抗憂鬱的藥物能夠減輕她的病情。這次憂鬱之前，她的病情已經三年沒有復發過了。但不幸的是，四個月之前，她的憂鬱症又開始復發。

起初，她僅僅是感到疲憊易怒，但是，一個星期之後，她就對任何事物失去了興趣。現在，她將自己描述成一個憂傷，悲傷，完全沒有任何價值的人，並且她也說，自己對之前喜歡的事情也失去了興趣。絕大多數的時間，琳琳就是這樣想的，並且，她一想到自己在過去的幾個月中曾不止一次地被嘲笑就痛苦不堪。

其實在這之前琳琳就病過很多次，這次她已經六個星期沒有去上班了。她整日無精打采，除了睡覺之外不想做任何事情。在家裏的時候，她不能和孩子享受天倫，她覺察到自己越來越對和孩子在一起失去興趣。「他們打攪了我，他們使我很不舒服。我就是想讓他們離我遠點，不要打攪我睡覺。」琳琳覺得這些想法十分令自己沮喪，她對孩子們充滿了內疚。

無獨有偶，琳琳對丈夫也越來越缺乏興趣。「在我的憂鬱症沒有復發之前，我們一直相處得十分融洽，但是，我現在根本沒有耐心和興趣聽他講任何事情。我不想和他在一起，他現在肯定認為我是個一無是處的懶惰女人。」

在過去的幾個星期裏，她一直擔心造成自己關節疼痛和肌肉疼痛的原因，加之內心的愧疚感不斷加劇，這些都促使她想去看醫生。

你總是擔心自己的身體出了問題，你害怕自己所擔心的一切未知。你的親朋好友總是說「沒什麼，會好的！」但這句話本身更讓你恐懼。你緊張上醫院，你不願再徹夜失眠，你想解決問題，你想改善生活，你想知道無憂人生的終極秘密……其實，這時的你已經患上了憂鬱症。

那麼，我們判斷自己是否患有憂鬱症，就要瞭解憂鬱人群三個最核心的特徵：

1.情緒減低。

輕者整天悶悶不樂，無愉快感，重者悲觀，有自殺念頭。

2.興趣缺乏、思維遲緩。

就是自覺腦子不管用，記不住事情，思考問題困難，患者覺得腦子空空的、變笨了，對以往的愛好，甚至嗜好以及日常活動都失去興趣。

3.感覺疲乏缺少運動。

就是不愛活動，渾身發懶，走路緩慢，言語少等，嚴重的可能不吃不動，生活不能自理，整天覺得全身沒力氣，即使通過多天的休息也沒辦法恢復。

此外，憂鬱症還有一些其他特徵，如缺乏主動性，自責自罪，飲食、睡眠差，體重明顯增加或減少五公斤，擔心自己患有各種疾病，感到全身多處不適，最明顯為自感頭痛、腰痛、胃痛，而又查不出實質性病因，嚴重者可出現自殺念頭和行為。

如果你符合上述的大部分條件，那麼一定要儘早去看醫生，如果你不是憂鬱族的一員，那麼我們就該懂得，如何緩解憂鬱情緒，減少憂鬱症的發生。不妨嘗試以下辦法：

●在心情不好時，安排個人活動，建立自己的社會支援系統。

當個人處於情緒低落的階段，多尋找可以支持自己、能幫自己解決實際問題的人群。

約好姐妹出來逛逛街，讓煩悶心情在購物中得到緩解，當然，女人一定要冷靜消費，否則會使自己更鬱悶。和閨中好友談談心，別什麼都自己一個人悶著，也許她們很樂意替你分擔，用她們的快樂感染自己。你還可以在家中給自己找些有趣的事情做，比如手工藝創作、飼養寵物等。

●快樂食物對抗憂鬱。

多吃深水魚、香蕉、葡萄柚、菠菜、櫻桃、南瓜、全麥麵包等富含色氨酸和酪氨酸的食物，有助於心情平靜。

●每天對著鏡子強迫自己笑一笑，建立自己樂觀的心態。

時間久了，你會發現自己臉上的笑容的確比以前多了。

●搜集曾經給自己帶來好心情的東西。

當心情憂鬱時拿出來看，如一張賀卡、一張相片，通過回憶美好事物和時光，緩解心情。當然，別找出那些讓你傷心的對象，比如前男友書信等。

●音樂療法配合運動。

聽與自己心情相吻合的音樂，取得共鳴和支持；多做運動，並設定目標。可以多做跑步、跳舞、健身操、跳繩、游泳等有氧運動，同時設定一個實質性的目標，比如到達下一個月，游泳速度或跑步速度要達到某一水準，實現自己的價值。

對於確診為憂鬱症的患者，家屬要注意看護和安全保護，特別是注意家裏的繩子、刀、硬物等危險器具，並隨時監護，一旦發現患者出現情緒突然激動或者表現得特別輕鬆平靜，往往是有自殺的傾向。

親近健康，遠離憂鬱。別讓鬱悶的情緒影響了你的美。女人要懂得愛自己，何必讓自己每天生活得那麼累呢？讓自己輕鬆一點，幸福就來得快一些。

8 心理壓力太大，年輕女性警惕卵巢早衰

人們常喜歡用鮮花比喻女人，女人的花期與她的生命相比要短得多，只有三十八年，也就是卵巢從發育到衰落的時間。卵巢掌握著女性雌激素分泌，女性因此性感美麗，然而卵巢會隨著年齡的增加而逐漸衰老，而一些白領女性也會因為壓力等原因而出現卵巢早衰。調查顯示，在三十歲左右的白領女性中，有百分之二十七的人存在著不同程度的隱性卵巢早衰現象。

小若今年剛滿三十二歲，由於月經不正常，臉色灰暗、皮膚蒼老、睡不好覺、心情煩躁等症狀不久前去醫院檢查，可大夫卻說：這是由於

卵巢早衰引起的。

而大家都知道，卵巢衰退導致閉經一般只在五十來歲才出現。可是小若才三十多歲，怎麼就會有早衰的現象呢？

原來，小若因平時工作繁忙，壓力大，每天不是考證照就是學習新的知識，否則就覺得會失去工作的競爭力。

漸漸地，她發現自己的月經量越來越少，三個月前，月經索性不來了。人也覺得沒有精神，皮膚粗糙，長了很多的斑點，頭髮都白了，看上去就像一個五十多歲的人。她常常莫名其妙地面紅耳赤，可又討厭和丈夫過性生活。小若為此對自己當初如此拼命工作感到了後悔，因為再成功的事業也換不回女人的青春啊！

對於女人來說，卵巢確實是不容忽視的器官，因為卵巢的早衰，許多女性失去了人生的幸福，甚至做人的尊嚴。三十歲的女人，六十歲的卵巢。

卵巢早衰首先表現在月經量減少，繼而停止來潮，隨之而來的是更年期綜合症表現，如記憶力減退、煩躁、脾氣急、皮膚失去光澤、面部色斑、失眠等。另外還出現泌尿生殖道的萎縮，包括萎縮性的陰道炎、尿道炎，等等。如今月經量少甚至停經的病人越來越多，尤其是年輕的白領族。在不知不覺之間，卵巢早衰離我們越來越近了。

這在十多年前是不可能有的現象，種種跡象表明，女性卵巢疾病發病率正在逐年上升，並在向低齡化發展。年輕女性出現的這些生理的早衰，很多原因是因為在社會競爭中承受太多的壓力導致心理焦慮、失眠、脾氣煩躁、記憶力減退等心理出現偏差的症狀，如果不及時治療，調整心理到正常的水準，就會導致機體的功能衰退。

不少女性對卵巢功能早衰不在意，甚至認為不來月經倒輕鬆，根本不到醫院治療。直至出現了身體不適、面容暗淡、陰道不能進行正常性生活等才想起就醫的。如果出現卵巢功能早衰，不及時治療，任其閉經，不僅會使夫妻生活品質受到很大影響，也會使患者出現骨質疏鬆、心血管病變及脂質代謝紊亂等症狀。

影響女性卵巢早衰的原因很多，除了精神壓力過大，飲食饑飽不定、夜生活過於豐富、情緒不穩定，都是導致卵巢功能下降的一個誘因。提醒，如果發現有婦科炎症應及早治療，防止卵巢受到感染，避免過度治療，造成卵巢功能減退。

那麼，我們在日常生活中，如何保養卵巢，避免它提前衰老呢？

首先，平時**注意良好的生活飲食規律**就是最好的保養，避免熬夜、過度減肥和煙酒。

其次，**定期檢查性激素、乳房和子宮內膜**。中年女性要注意控制體重，目前已經證實，肥胖是許多慢性疾病和死亡的風險因素。

吸煙對於女性的傷害也是很大的，煙草燃燒時可以生成並釋放大量有毒物質，對女性生殖功能影響很大，臨床表現為卵巢功能及雌激素水準低下。

現代的上班族女性，上班時間多是處於坐的狀態，下班也是以車代步，長期久坐不動，導致氣血循環障礙，導致痛經。所以，加強運動對於保持身心的年輕非常重要。

目前對運動的一般建議是：每週運動五次，每次三十分鐘。輕快步走是一種安全實用的運動方式。

此外，保持每週一到兩次的和諧性生活，能夠使女性擁有一個很好的內分泌環境，有利於卵巢健康。

如果使用一些劣質染髮劑、增白化妝品、洗衣粉，因為含有許多化學添加物等成分，都會通過皮膚黏膜吸收，會導致女性卵巢功能嚴重受損。

治療卵巢早衰關鍵是早發現、早治療。作為女性，一定要瞭解卵巢早衰的病症及危害，一旦發現自己月經量減少或突然停經，要及時去看醫生，切不可拖延，錯過治療的最佳時機，成為女人一輩子無法彌補的遺憾。

女人沒有時間後悔

作者：吳靜雅
出版者：風雲時代出版股份有限公司
出版所：風雲時代出版股份有限公司
地址：105台北市民生東路五段178號7樓之3
風雲書網：http://www.eastbooks.com.tw
官方部落格：http://eastbooks.pixnet.net/blog
Facebook：http://www.facebook.com/h7560949
信箱：h7560949@ms15.hinet.net
郵撥帳號：12043291
服務專線：(02)27560949
傳真專線：(02)27653799
執行主編：朱墨菲
美術編輯：吳宗潔
法律顧問：永然法律事務所 李永然律師
北辰著作權事務所 蕭雄淋律師
版權授權：蔡雷平

初版換封：2017年1月
ISBN：978-986-352-425-0

總經銷：成信文化事業股份有限公司
地　址：新北市新店區中正路四維巷二弄2號4樓
電　話：(02)2219-2080

行政院新聞局局版台業字第3595號 營利事業統一編號22759935

國家圖書館出版品預行編目資料

女人沒有時間後悔 / 吳靜雅著. --臺北市：風雲時代,2016.12-- 面； 公分

ISBN 978-986-352-425-0（平裝）

1.生活指導 2.女性

177.2 105021003

原價：280元
限量特惠價：199元